MARCO ⊕ POLO
NORWEGEN

Reisen ...
Insider- ...

Diese Tips sind die ...
Empfehlungen u ...
Sie sind im Text geh ...

*Sechs Symbole sollen Ihnen
die Orientierung in diesem Führer erleichtern:*

für Marco Polo Tips – die besten in jeder Kategorie

für alle Objekte, bei denen Sie auch eine schöne Aussicht haben

für Plätze, wo Sie bestimmt viele Einheimische treffen

für Treffpunkte für junge Leute

(A 1)
Koordinaten für die Übersichtskarte

*Die Marco Polo Route in der Karte verbindet die schönsten
Punkte Norwegens zu einer Idealtour.*

*Diesen Führer schrieb Jochen Seelhoff.
Der deutsche Journalist nennt Norwegen seine zweite Heimat
und berichtet seit 25 Jahren über das Land.
Die Marco Polo Reihe wird herausgegeben
von Ferdinand Ranft.*

MAIRS GEOGRAPHISCHER VERLAG

MARCO ⊕ POLO

Für Ihre nächste Reise gibt es folgende Titel dieser Reihe:

Ägypten • Alaska • Algarve • Allgäu • Amrum/Föhr • Amsterdam • Andalusien • Antarktis • Argentinien/Buenos Aires • Athen • Australien • Bahamas • Bali/Lombok • Baltikum • Bangkok • Barbados • Barcelona • Bayerischer Wald • Berlin • Berner Oberland • Bodensee • Bornholm • Brasilien/Rio • Bretagne • Brüssel • Budapest • Bulgarien • Burgenland • Burgund • Capri • Chalkidiki • Chiemgau/Berchtesgaden • China • Costa Brava • Costa del Sol/Granada • Costa Rica • Côte d'Azur • Dänemark • Disneyland Paris • Dolomiten • Dominik. Republik • Dresden • Dubai/Emirate/Oman • Düsseldorf • Eifel • Elba • Elsaß • England • Erzgebirge/Vogtland • Feuerland/Patagonien • Finnland • Flandern • Florenz • Florida • Franken • Frankfurt • Frankreich • Frz. Atlantikküste • Fuerteventura • Galicien/Nordwest-Spanien • Gardasee • Golf von Neapel • Gran Canaria • Griechenland • Griech. Inseln/Ägäis • Hamburg • Harz • Hawaii • Heidelberg • Holland • Hongkong • Ibiza/Formentera • Indien • Ionische Inseln • Irland • Ischia • Island • Israel • Istanbul • Istrien • Italien • Italien Nord • Italien Süd • Ital. Adria • Ital. Riviera • Jamaika • Japan • Java/Sumatra • Jemen • Jerusalem • Jordanien • Kalifornien • Kanada • Kanada Ost • Kanada West • Kanalinseln • Karibik I • Karibik II • Kärnten • Kenia • Köln • Königsberg/Ostpreußen Nord • Kopenhagen • Korsika • Kreta • Krim/Schwarzmeerküste • Kuba • Lanzarote • La Palma • Leipzig • Libanon • Lissabon • Lofoten • Loire-Tal • London • Luxemburg • Macau • Madagaskar • Madeira • Madrid • Mailand/Lombardei • Malaysia • Malediven • Mallorca • Malta • Mark Brandenburg • Marokko • Masurische Seen • Mauritius • Mecklenburger Seenplatte • Menorca • Mexiko • Mosel • Moskau • München • Namibia • Nepal • Neuseeland • New York • Nordseeküste: Schlesw.-Holst. • Normandie • Norwegen • Oberbayern • Oberital. Seen • Oberschwaben • Österreich • Ostfries. Inseln • Ostseeküste: Mecklbg.-Vorp. • Ostseeküste: Schlesw.-Holst. • Paris • Peking • Peloponnes • Pfalz • Philippinen • Polen • Portugal • Potsdam • Prag • Provence • Rhodos • Riesengebirge • Rom • Rügen • Rumänien • Rußland • Salzburg/Salzkammergut • San Francisco • Sardinien • Schottland • Schwarzwald • Schweden • Schweiz • Seychellen • Singapur • Sizilien • Slowakei • Spanien • Spreewald/Lausitz • Sri Lanka • Steiermark • St. Petersburg • Südafrika • Südamerika • Südengland • Südkorea • Südsee • Südtirol • Sylt • Syrien • Taiwan • Teneriffa • Tessin • Thailand • Thüringen • Tirol • Tokio • Toskana • Tschechien • Tunesien • Türkei • Türk. Mittelmeerküste • Umbrien • Ungarn • USA • USA: Neuengland • USA Ost • USA Südstaaten • USA Südwest • USA West • Usedom • Venedig • Venezuela • Vietnam • Wales • Die Wartburg/Eisenach und Umgebung • Weimar • Wien • Zürich • Zypern • Die besten Weine in Deutschland • Die 30 tollsten Ziele in Europa • Die tollsten Hotels in Deutschland • Die tollsten Restaurants in Deutschland

Die Marco Polo Redaktion freut sich, wenn Sie ihr schreiben:
Marco Polo Redaktion, Mairs Geographischer Verlag
Postfach 31 51, D-73751 Ostfildern

Unsere Autoren haben nach bestem Wissen recherchiert. Trotzdem schleichen sich manchmal Fehler ein, für die der Verlag keine Haftung übernehmen kann.

Titelbild: Geirangerfjord (Schuster/Bull)
Fotos: Amberg (20, 23); Lade: BAV (39), Morell (76), Rohr (48); Mauritius: Giering (63),
Mayer (33), Messerschmidt (40), Milted Foto (4), Rosing (9), Scholey (36); Ott (Anreise, 14, 24, 28);
Schapowalow: Gierig (70, 86), Heaton (35), Messerschmidt (30, 68, 78); Schuster: Jogschies (50);
Seelhoff (12, 18, 64); Sperber (17, 43); Transglobe: Kreichwost (56), Richardson (54), Svensson (26)

6, aktualisierte Auflage 1997
© Mairs Geographischer Verlag, Ostfildern
Lektorat: Gisela Kramer
Gestaltung: Thienhaus/Wippermann (Büro Hamburg)
Sprachführer: in Zusammenarbeit mit Ernst Klett Verlag für Wissen und Bildung GmbH,
Redaktion PONS Wörterbücher

Printed in Germany
Gedruckt auf 100% chlorfreiem Papier

INHALT

Auftakt: Entdecken Sie Norwegen! **5**
Land voller Gegensätze, lieblich und wild,
gewaltig und still. Und mit sehr eigenwilligen Menschen

Geschichtstabelle **7**

Norwegen-Stichworte: Von Familie bis zu den Stabkirchen **13**
Von Frauen und Hilfsbereitschaft,
dem Königshaus und der Mitternachtssonne nördlich des Polarkreises

Essen & Trinken: Viel Fisch, aber nicht nur Fisch **21**
Die norwegische Küche gilt als einfallslos.
Aber da kann man schon mal sein blaues Wunder erleben

Einkaufen & Souvenirs: Kunstgewerbliches aus Wolle oder Holz ... **25**
Ob warme Norwegerpullis, geschnitzte Holzlöffel
oder Stickbilder – Sie finden alles bei »Husfliden«

Norwegen-Kalender: Feste rund um Jazz, Theater und Ski **27**
Norweger sind nicht so nüchtern wie ihr Ruf:
viel Spektakel um Kino, Kunst, Konzert, Kultur, Folklore und Sport

Der Süden: Schon tief unten ist der ganze Norden **31**
Sie müssen nicht bis zum Polarkreis. Denn in Südnorwegen
finden Sie alles, was Sie vom Norden erwarten

Der Westen: Land der Fjorde, Fähren und Fische **41**
Im Fjordland des Westens ist alles wie
aus dem Reiseprospekt, nur schöner und aufregender

Tröndelag: Hier werden noch Könige gesalbt **51**
Trondheim, die alte Stadt der norwegischen Könige,
blieb bis in unsere Zeit die Stätte feierlicher Inthronisation

Nordland: Rauh, aber herzlich **57**
Das Nordland liegt noch weit vom ewigen Eis entfernt,
für Südnorweger aber schon hinterm Nordpol

Lofoten: Wo die Alpen dem Meer entsteigen **65**
Als der Fisch ausblieb, schienen die Lofoten am Ende.
Jetzt soll der Tourismus das Paradies im Norden retten

Troms: Superlative nimmt hier keiner ganz ernst **71**
Tromsö, die alte Stadt des Nordens, ist heute
fest in der Hand der Jugend: Studenten haben sie neu geprägt

Finnmark: Wo der Norden ein Käppchen trägt **77**
Wenn Norweger von der Nordkalotte sprechen, meinen sie
das Ende der Welt. Da sagen sich Ren und Schneehuhn adieu

Praktische Hinweise: Von Auskunft bis Zoll **85**

Warnung: Bloß nicht! **93**

Was bekomme ich für mein Geld? **94**

Sprachführer Norwegisch: Sprechen und Verstehen ganz einfach **95**

Register **103**

Entdecken Sie Norwegen!

*Land voller Gegensätze, lieblich und wild, gewaltig und still.
Und mit sehr eigenwilligen Menschen*

Zugegeben, wenn es um Norwegen geht, bin ich nicht objektiv. Denn ich liebe dieses Land, und ich liebe, was manche meiner Freunde nicht verstehen, die Menschen am nördlichen Rand Europas. Diese knorrigen, kantigen, oft maulfaulen und manchmal unfreundlichen Norweger. Die den Gruß des Gastes häufig unterwidert lassen, aber sich schier ein Bein ausreißen, wenn der in Schwierigkeiten gerät.

Ich war, das ist viele Jahre her, zum ersten Mal in Norwegen, war in Kristiansand von der Dänemark-Fähre gerollt und nahm die damals noch schmale Schotterstraße nach Stavanger. Gleich am Stadtrand passiert es: Der Transporter eines Gärtners schneidet die Kurve, rechts ist nackter Fels, kein Gedanke an Ausweichen. Es kracht, glücklicherweise ist niemand verletzt, und wie es aussieht, können wir beide mit eigener Kraft weiter-

Mit dem Boot auf blauem Fjordwasser dümpeln, angeln oder in der Sonne dösen — das sind Ferien in Norwegen

fahren. Der Gärtner zieht eine spitze Tüte aus grauem Packpapier vom Beifahrersitz, fummelt einen Bleistiftstummel aus der Hosentasche, nimmt das Dach seines Autos als Schreibunterlage: »Jeg er skyldig«, »Ich bin schuld«. Datum, Autonummer, Unterschrift. Ich blicke zögernd auf den Wisch. Ein zweiter Norweger muß warten, bis wir die Straße räumen. Er bemerkt meine Unsicherheit, steigt aus, läßt sich die Tüte zeigen. »Oh, das sollst du gerne nehmen! Das ist so gut wie ein Scheck!« Tatsächlich überweist die norwegische Versicherung die Reparaturkosten innerhalb weniger Tage. Ohne jede Rückfrage.

Wie der Gärtner so der König. Harald V. von Norwegen, seinem Vater Olav V. 1991 auf den Thron gefolgt, hat in Sachen Popularität längst mit dem alten Monarchen gleichgezogen. Beide waren in ihrer Jugend hervorragende Skiläufer, beide sprangen mit den Landeskindern um die Wette von der Holmenkollensprungschanze bei Oslo. Der Vater ersegelte sich eine Goldmedaille bei Olympischen Spielen, der Sohn wurde 1987 vor Kiel mit seiner »Fram« Weltmeister in der Eintonner-Klasse, der Formel I der Rennsegler, einziger Amateur unter lauter Profiskippern. Das gefiel den Norwegern, aber es versetzte sie noch nicht in Euphorie. Das alte Seefahrervolk meinte, das sei die einem norwegischen Königssohn angemessene Leistung.

Besser fanden sie eigentlich die kleine Geschichte, die sich am Rand der Regatten abspielte. An einem sehr stürmischen Tag hat es auf fast allen Booten Bruch gegeben. Auch auf der »Fram« sind Schäden zu reparieren. Harald macht sich also auf und geht zum Zelt des Schiffsausrüsters, ordert Tauwerk, Karabinerhaken, Schäkel, Wantenspanner, was weiß ich. Der Servicemann, keine Ahnung, wen er vor sich hat, schleppt das Geforderte heran und steht einem verstörten Segler gegenüber, der alle Taschen seines Overalls abklopft: »Ich hab' überhaupt kein Geld bei mir!«

»Macht nichts. Wenn du mir deine Uhr als Pfand gibst, kannst du morgen bezahlen.«

Ein deutscher »Offizieller«, ein Seglerfunktionär, will sofort eingreifen und dem Händler aufklären, wer da vor ihm steht. Harald aber winkt ab, streift seine teure Uhr vom Handgelenk und schiebt sie über den Tresen. »Das ist doch völlig in Ordnung so«, sagt er zu dem Herrn von der Regattaleitung. »Der Mann kennt mich nicht, da braucht er eine Sicherheit.« Am nächsten Morgen löst er die Uhr wieder aus. Er kommt selbst, weil »das am praktischsten ist«.

Praktisch sein, eine Sache in Ordnung bringen, das Notwendige sofort tun, aber alles übrige erst mal lassen: Das ist ein gutes Stück Norwegen, das gehört zu diesem Land wie im Juli der Schneesturm über Finnmarken, während Oslo zur selben Stunde unter 30 Grad im Schatten schwitzt. Gegensätze überall. Da sind Ende Mai, Anfang Juni die Fjordränder von blühenden Apfelbäumen verzaubert, aber windet man sich mit dem Auto die nächste Serpentinenstrecke hoch, fährt man nach zehn Minuten zwischen drei Meter hohen Schneemauern, in die mühsam eine einzige Fahrspur mit Ausweichstellen gefräst ist. Da dümpelt man im Hochsommer weit nördlich des Polarkreises mit dem Boot auf blauem Fjordwasser und angelt. Oder döst nur noch, weil bei all der Hitze selbst das Angeln zu anstrengend wird. Aber plötzlich schiebt sich wie in einer Bühneninszenierung eine massive weiße Wand über den Fjord: Nebel! Jetzt heißt es rudern! Damit man noch ein Ufer erreicht und weiß, wo man ist, ehe die nasse Watte einen blind macht und frösteln sowieso, denn die Temperatur stürzt schlagartig um zwölf, fünfzehn, achtzehn Grad.

In Norwegen ist alles extrem. Das Wetter, der Wind, das Land, die Fjorde, das Meer. Nur die Menschen sind es nicht, obwohl sie doch alle Nachfahren der Wikinger sind. Dieser mordenden, sengenden, plündernden, schändenden Schlagetots, die um das Jahr 800 von ihren kargen Inseln und aus der Enge der Fjorde aufbrachen, ganz Europa das Fürchten zu lehren. Unvorstellbar:

Geschichtstabelle

9000 v. Chr.
Die Gletscher der letzten Eiszeit gehen zurück. Erste Siedlungsspuren im Süden

4000 v. Chr.
Steinzeitmenschen als Fischer auf den Lofoten. Sie bauen Boote aus Häuten und Holzgestängen, fangen Fisch schon aus großer Tiefe

1500 v. Chr.
Beginn der Bronzezeit in Norwegen. Primitiver Ackerbau, Viehzucht, Jagd und Fischerei

500 v. Chr.
Eisenzeit. Danach germanische Besiedlung. Es folgt die Bildung rivalisierender Kleinkönigreiche. Holzbootbau beginnt

793 n. Chr.
Beginn der »Wikingerzeit«: Überfall auf Lindisfarne. Raubzüge nach England, Irland, Flandern, Frankreich und ins Mittelmeer folgen. Island, Grönland, Amerika (Vinland) werden entdeckt

872
König Harald Schönhaar einigt ganz Norwegen. Nach seinem Tod ständige dynastische Kämpfe

1016
Christianisierung beginnt

1066
Ende der »Wikingerzeit«

um 1250
Die Hanse dringt nach Norwegen vor, beutet das Land wirtschaftlich aus

1349–1350
Pestepidemie, kaum mehr als 200 000 Norweger überleben

1397
Kalmarer Union: Dänemark, Schweden und Norwegen vereinigt

1537
Norwegen wird dänische Provinz, richtiger: Kolonie

1814
Dänemark muß Norwegen an Schweden abtreten. Im selben Jahr geben 112 »einflußreiche Norweger« in Eidsvoll dem Land eine Verfassung, die der schwedische König Karl Johan anerkennt. Großer Wirtschaftsaufschwung

1905
Norwegen trennt sich friedlich von Schweden, das Parlament wählt den dänischen Prinzen Carl zum Monarchen. Er nennt sich König Haakon VII.

1940
Deutsche Truppen besetzen Norwegen

1949
Norwegen tritt der Nato bei

1957
Haakon VII. stirbt, sein Sohn wird König: Olav V.

1969
Erste Ölfunde vor der Küste. Der Ölboom bringt Wohlstand, aber auch Lohn-Preis-Probleme

1991
Harald V. wird nach Olavs Tod König von Norwegen

Kaum mehr als eine Handvoll Männer fuhren in gebrechlichen Booten, mit denen unsereins heute kaum noch über den Gardasee schippern möchte, nach England und Irland, entdeckten Island und Grönland, erreichten Amerika 500 Jahre vor Kolumbus. Sie wüteten in Deutschland, Flandern und Frankreich, stießen quer durch Rußland vor bis nach Bagdad und Byzanz, wo sie als Leibgarde des oströmischen Kaisers bald das Sagen hatten. Andere umsegelten Spanien und machten sich im westlichen Mittelmeer breit.

Nicht etwa nur, daß die mettrinkenden Rauhbeine aus dem Norden da überall irgendwann auch mal gewesen sind. Nein, wohin sie kamen, änderten sie das Leben. Süditalien gefiel ihnen besonders, das Klima war angenehm, der Wein schmeckte. Also blieben sie, gründeten die »Normannen«-, die Nordmänner-Staaten in Apulien und Sizilien. Aber auch sie selbst änderten sich, sogen das Neue, Fremde neugierig in sich auf. Das allerdings war der Anfang vom Ende der großen Wikingerzeit. Jener Zeit wenigstens, von der wir in der Schule hören.

Da waren natürlich auch einige zu Haus geblieben. Die Besonnenen, Beharrlichen, Unauffälligen, die Boote bauten, Tauwerk drehten, Fische fingen und Kühe melkten: Vorfahren der Norweger von heute. Kein Volk von Hasenfüßen, Leute mit Bekennermut und Gerechtigkeitssinn, auch wenn das persönlichen oder politischen Ärger macht. Wer arm, schwach, verfolgt ist, kann auf sie zählen. Es paßt ins Bild, daß ausschließlich Norweger darüber entscheiden, wer den Friedensnobelpreis erhält.

Große Entdecker, kühne Seefahrer kommen noch immer aus Norwegen. Aber Nansen, Amundsen, Heyerdahl waren mehr Forscher als Abenteurer. Der Polarforscher Fridtjof Nansen wurde nach dem Ersten Weltkrieg eine Art Weltflüchtlingskommissar. Die Kraft seines Namens genügte, Hunderttausenden das Leben zu retten. Das Nobel-Komitee in Oslo zögerte lange, bis es ihm den Friedenspreis verlieh – es wollte nicht in den Verdacht geraten, einen Landsmann zu bevorzugen. Roald Amundsen, Entdecker des Südpols, kam ums Leben, als er seinen ärgsten Rivalen und persönlichen Feind, den italienischen General Umberto Nobile, aus dem Polargebiet retten wollte. Und Thor Heyerdahl war einer der ersten, die sich weltweit für einen globalen Umweltschutz einsetzten. So etwas hat Tradition: Als an Mitteleuropas Küsten Schiffbrüchige noch regelmäßig ausgeplündert und oft auch schlicht umgebracht wurden, hatten Norwegens Lotsen und Fischer längst Tausende von den sinkenden Schiffen gerettet.

Monarchie? Als Harald V. 1991 im Nidarosdom von Trondheim »gesegnet« wurde – Krönung gibt es nicht mehr–, sprachen sich bei einer Umfrage 84 Prozent der Norweger für einen König als Staatsoberhaupt aus. Das sei so praktisch. Aber gleichzeitig forderten fast hundert Prozent die parlamentarische Demokratie mit einer starken Regierung: Im Storting spielt die Musik, nicht im Schloß.

Weit draußen im Meer liegt eine Welt für sich: die Lofoten

Die Norweger sind ein junges, unverbrauchtes Volk in einem, erdgeschichtlich gesehen, noch wenig verbrauchten Land.

Norwegen, wie es heute so daliegt zwischen Kap Lindesnes im Süden und dem Nordkap am Eismeer, das sieht so nach Urwelt und erstem Schöpfungstag aus mit seinen gewaltigen Gebirgsmassiven und Gletschern, den weiten Hochmooren, der Tundra im Norden, den schier endlosen Wäldern und dem vielen Wasser. »Norwegen ist das schönste Land der Erde!« hat Sven Hedin gesagt. Er mußte das wissen, der große schwedische Forscher und Geograph hatte die Welt gesehen. Norwegen, wie es sich uns heute zeigt mit seiner grandiosen Vielfalt erhabener, lieblicher oder dräuender Landschaftsbilder, ist gerade 10 000 Jahre alt, ein Wimpernschlag, denkt man in erdgeschichtlichen Zeiträumen. Vor zehnmal tausend Jahren erst zogen sich die Gletscher der letzten Eiszeit zurück, gaben die zum Teil sehr alten Gebirge so frei, wie sie heute aussehen.

Von Lindesnes im Süden bis zum Nordkap sind es 1752 Kilometer Luftlinie. Nehmen wir Lindesnes als Drehpunkt und schwenken das ganze Land nach Süden, dann liegt das Nordkap bei Rom! 1752 Kilometer Luftlinie bedeuten 2587 Straßenkilometer, und von Norwegens südlichster Stadt Kristiansand bis nach Kirkenes an der russischen Grenze sind es noch ein paar mehr, genau 2870 Kilometer. Wenn Sie die mit dem Auto in fünf Tagen schaffen, werden Sie selbst ziemlich geschafft sein. Kilometerfressen, das geht nicht. Ganz selten darf 90 gefahren werden, sonst heißt es auf Landstraßen: 80 sind Höchstgeschwindigkeit. Schneller sein zu wollen bedeutet auf den Fernstraßen mühsames Kolonnenspringen, sofern wegen der vielen Kurven an Überholen überhaupt zu denken ist. Außerdem wird es teuer, wenn man zu schnell in eine Radarkontrolle fährt. Die Polizei kassiert sofort. Wer nicht zahlen kann, läßt das Auto stehen, bis er bezahlt hat, alles ganz einfach und praktisch. Wer sehr schnell war, läßt Auto und Führerschein bei der Polizei. Wer mit mehr als 0,5 Promille Alkohol erwischt wird, bezahlt anderthalb Monatsgehälter Strafe. Ab 1,5 Promille gibt es unweigerlich Knast. Auch ohne jeden Unfall.

Noch ein paar Zahlen: Rund 70 Prozent des Landes sind Berge, Felsen und Ödland, ein knappes Viertel ist von Wald bedeckt, nur auf 3,1 Prozent der Bodenfläche kann Landwirtschaft betrieben werden. Die Küstenlinie einschließlich der Buchten und Fjorde mißt 28 000 Kilometer. Zählt man die Küsten der 50 000 Inseln und Schären hinzu, kommt man auf über 50 000 Kilometer. Nur die inneren Fjorde, durch Flüsse stark ausgesüßt, frieren im Winter manchmal zu. In der Regel bleibt die Küste bis in den höchsten Norden eisfrei. Ausläufer des warmen Golfstromes, der aus der Karibik kommt, sorgen dafür, daß es nirgendwo auf der Erde so weit nördlich so warm ist wie an Norwegens Küste. Im Landesinneren jedoch wird es im Winter bitter kalt: bis minus 50 Grad.

Man kann Norwegen nicht in 14 Tagen »machen«, die Entfernungen sind einfach zu groß, das Fahren ist oft zu mühsam. Sie sind gut beraten, wenn Sie sich das Land stückchenweise vornehmen.

Wenn Sie zum ersten Mal in Norwegen sind: Schon im Süden zwischen Oslo und Bergen haben Sie Norwegen total mit Gebirgen und Fjorden, Wasserfällen und Seen, weiten Wäldern und Stille, wenn Sie die suchen. Dann das Fjordland im Westen mit Hardanger und Sogne, Nordfjord und Geiranger, kein Fjord wie der andere, und am schönsten oft die unbekannten, selten besuchten Nebenfjorde, die ich so mag, weil man sie an manchen Tagen ganz für sich hat. Aber dafür muß man schon mal runter vom Asphalt und auf Schotterstraßen die Stoßdämpfer strapazieren. Einige Fjorde, von den Gletschern der Eiszeiten aus dem Fels gehobelt, sind über tausend Meter tief, steil aufragend oftmals die Berge, die aus dem Wasser aufsteigen, hochalpin und von ewigem Schnee gekrönt. Landeinwärts liegen die Plätze für Sommerski. Oder die Hochflächen von Hardangervidda, Jotunheimen, Dovrefjell. Die muß man erwandern, aber dazu gehören gute Schuhe und gesunde Füße. Tröndelag, das Gebiet um Trondheim, und die alte Königstadt selbst mit dem romanisch-gotischen, vielfach umgebauten Nidarosdom reichen für einen ganzen Urlaub. Weiter nördlich passieren Bahn und Straße fast parallel in der Mondlandschaft des Saltfjells den Polarkreis, und noch immer hat man hier tausend Kilometer bis zum Nordkap vor sich! Immerhin, man ist jetzt in Nordland, hat Lofoten und Vesterålen weit draußen im Meer zur Linken, passiert Norwegens schmalste Stelle, wo zwischen Meer und schwedischer Grenze nur knapp sechseinhalb Kilometer liegen. Narvik, im Krieg so schwer umkämpft: Franzosen, Briten, Polen und Norweger eroberten es gemeinsam von den deutschen Invasionstruppen zurück und verloren es dann doch wieder. Schließlich Finnmarken, das Ende der Welt. Immer karger wird der Bewuchs, immer tiefer sinkt die Baumgrenze, Permafrostbuckel begleiten die Straße, sobald sie an Höhe gewinnt. Finnmarken, Norwegens am dünnsten besiedelte Provinz. 1,4 Menschen je Quadratkilometer weist die Statistik aus. Und es werden immer weniger.

Finnmarken, Troms, Nordland — das Armenhaus Norwegens, aus dem die jungen Leute in den reichen Süden abwandern wie die Süditaliener nach Norden, die Ostdeutschen nach Westen, die Nordafrikaner nach Frankreich und Spanien. Oslo tut alles, um die Menschen im Norden zu halten, aber das Leben dort oben ist zu hart, die Winter sind zu lang, und es gibt immer weniger Arbeit. Die überfischten Meere liefern zu geringe Fänge, Tausende Fischer haben aufgegeben, ihre Boote verkauft, oder die Banken haben sie gepfändet. An einem Fischer auf See aber hängen drei Arbeitsplätze an Land. »Schwarze See« sagt man im Norden. Das bedeutet: kein Fisch im Meer. Die letzten Winter ließen hoffen. Plötzlich zogen aus dem Eismeer Dorsch und Hering wieder an die Küste. Die Netze so voll wie seit Jahr-

zehnten nicht mehr. Die Wende zum Guten? Oder nur ein letztes Aufbäumen der geschundenen Natur? 1996 aber gab es einen Rückschlag. Norwegen kennt längst Umweltprobleme. Viele sind aus England, Frankreich, Belgien, den Niederlanden und Deutschland importiert. Der Wind trägt die verpestete Luft bis nach Norwegen, saurer Regen hat scheinbar unberührte Bergseen zu toten Gewässern gemacht. Aber die Norweger wissen auch um ihre hausgemachten Probleme. Aluminium- und Kupferhütten haben ganze Fjorde gemordet, Stickstoffwerke die Wälder krank werden lassen. Und dann das Öl! Mit den Bohrtürmen in der Nordsee kam der Wohlstand ins Land. In wenigen Jahren tilgte Norwegen seine Auslandsschulden. Die Einkommen stiegen und mit ihnen die Preise. Seit 25 Jahren dreht sich die Lohn-Preis-Spirale. Nichts, rein gar nichts ist in Norwegen noch billig. Gibt es einen Ausweg? »Aufrüsten für die Zeit nach dem Öl, neue Industrien aufbauen«, so Gro Harlem Brundtland, die langjährige Ministerpräsidentin. Aber dafür braucht man Geld und noch mehr Öl. Und die Bohrtürme wandern immer weiter nach Norden.

Trond Jusnes, viele Jahre Bürgermeister der Fischerinsel Flakstadöy im Lofotenarchipel, hat vor seinem Haus Meer, Fjord und Berge, eine Panoramaaussicht, die hundertmal gemalt worden ist. »Wir wissen«, sagt Jusnes, »daß wir in einem kleinen Paradies leben. Aber es ist nur geborgt, ein Paradies auf Zeit. Wer es noch erleben will, sollte bald kommen.«

Von Familie bis zu den Stabkirchen

Von Frauen und Hilfsbereitschaft, dem Königshaus und der Mitternachtssonne nördlich des Polarkreises

Familie

Für die Norweger spielt die Familie eine große Rolle. Alt und jung wohnen oft lange im selben Haus, und enge Kontakte bleiben auch dann bestehen, wenn die Kinder aus dem Haus gehen: Man besucht sich oft. Eine Entbindung ohne beide Großmütter ist kaum vorstellbar, obwohl die meisten Babys heute in der Klinik geboren werden. Also hüten die beiden so lange Haus oder Wohnung und die älteren Kinder. Nicht zu vergessen Sohn oder Schwiegersohn. Das Verhältnis zur Schwiegermutter ist meistens besser als im übrigen Europa. Vielleicht liegt es daran, daß man bis vor kurzem im Familienverband viel stärker aufeinander angewiesen war als in dichter besiedelten Ländern. Heute leben immer mehr Paare ohne Trauschein. Fast 50% der Kinder werden außerehelich geboren.

Stabkirchen sind eine architektonische Besonderheit des Landes. Heute gibt es noch 30 der ehemals 1000 hölzernen Gotteshäuser

Fischerei

Vor kaum einem Menschenalter waren Fisch und Holz die Standbeine der norwegischen Wirtschaft. Dann kam das Öl, das heute über zwei Drittel der Exporterlöse ausmacht. Seit dem Krieg ist mit den Fischbeständen vor der norwegischen Küste und in der Barentssee Raubbau getrieben worden. Russen, fast alle westeuropäischen Staaten und natürlich die Norweger selbst haben mitgeholfen. Meer ohne Fisch heißt es heute nur zu oft. Die Lofotenfischerei, seit tausend Jahren eine sichere Nahrungs- und Verdienstquelle, war fast schon am Ende, ehe sich in den allerletzten Jahren wieder Hoffnung breitmachte. Die Fänge nahmen zu, Erfolge konsequenter Schonung und strenger Fangquoten. Viele Fischer sahen einen Ausweg in der Aquakultur, Lachszucht vor allem, erste Versuche auch mit anderen Fischen: Käfighaltung in den Fjorden. Aber wie bei jeder Massentierhaltung: Seuchen stellten sich ein, griffen über auf die Wildfische im freien Wasser. Es begann im Süden, fraß sich immer weiter

Seit die Fischerei in der Krise steckt, setzt man auf Lachszucht

nach Norden. Die große Zeit der Tierärzte: jeden Fisch impfen, Unmengen von Antibiotika, Cortison spritzen. Die staatliche Lebensmittelkontrolle Norwegens ist streng. Ganze Farmbestände mußten vernichtet werden. Trotzdem 1991/93 die große Krise: Überangebot ließ die Preise verfallen, Konkurse küsteauf, küsteab. Gesundschrumpfen heißt die bittere Lehre. Dennoch: Der Erlös aus Farmfisch ist heute schon wieder so hoch wie der aus Fangfisch.

Frauen

Norwegens Frauen gehören zu den am weitesten emanzipierten in Europa. Was für sie allerdings weniger ein Thema als eine Selbstverständlichkeit ist. Schon zu Wikingerzeiten hatte die Frau im Familienverband eine starke Stellung, sicher ist davon unbewußt etwas erhalten geblieben. Als Gro Harlem Brundtland 1982 zum erstenmal Ministerpräsidentin wurde — Staatsminister, sagt man in Norge — war das nur kurzfristig eine Sensation. Denn sie bewies sehr schnell Tatkraft, Kompetenz und Durchset-

zungsvermögen. Lange ging in Oslo ohne sie nichts mehr, ob sie nun gerade Regierungschefin war oder Oppositionsführerin. Oft hat sie schon die Rückkehr an die Macht ohne Neuwahlen geschafft: durch geschicktes Taktieren. Auch mit Minderheitskabinetten hat sie sich behauptet. Kein Wunder, daß sie 1991 ernsthaft als erste UN-Generalsekretärin im Gespräch war. In Norwegen waren Freund und Gegner strikt dagegen: Sie sei zu Hause wichtiger. Frau Brundtland, von Haus aus Ärztin, wäre nie auf den Gedanken gekommen, sich Staatsministerin zu nennen. »Daß ich eine Frau bin, erkennt man an Vornamen oder Figur!« 1996 trat sie von sich aus zurück, unbedrängt.

Fylker

Norwegen ist in 19 *fylker* (Einzahl: *fylke* — Regierungsbezirke, Provinzen) eingeteilt. Von Süden nach Norden: Vest-Agder, Aust-Agder, Telemark, östlich davon Vestfold, Oslo, Akershus und Østfold, westlich Rogaland, Hordaland, Sogn og Fjordane, Møre og Romsdal, in der Mitte

14

Buskerud und Oppland, im Osten Hedmark, darüber Sör-Tröndelag und Nord-Tröndelag, Nordland, Troms, Finnmark. Außerdem: die Inseln von Svalbard (Spitzbergen).

Gleichmut

Es kann einen schon erschrekken: In vielen Dingen sind Norweger von einem Gleichmut, der anderen europäischen Völkern schwer verständlich ist. Jeder ist zwar immer bereit, das eigene Leben zu wagen, um Schiffbrüchige zu retten. Aber das halb zertrümmerte Boot der Verunglückten bleibt am Ufer liegen, bis es nach ein paar Jahren von allein vergeht. Die nassen Plünnen, die man den Opfern vor der Haustür ausgezogen hat, sie werden ziemlich sicher auch in drei Wochen dort noch liegen. Zwei Uraltautos hinter dem Haus, vom Rost schon fast zerfressen, Kühlschränke und alte Schiffsmotoren von der Mole in die See gekippt. Jeder Gast wird dieses Bild sehen und sich wundern. So viel landschaftliche Schönheit und solche Unvernunft. Viel Arbeit für die Umweltschützer! Erste Erfolge bei Winterolympia 1994 in Lillehammer, als »grüne« Spiele proklamiert: Wo Blümchen einer Rennstrecke weichen mußten, wurden sie »geparkt« und nach den Spielen zurückgepflanzt.

Hilfsbereitschaft

Wenn vor tausend Jahren ein Wikingbauer jung starb, war es selbstverständlich, daß seine Nachbarn die Bewirtschaftung des Hofes — gegen Gotteslohn, versteht sich — übernahmen, bis der älteste Sohn des Toten so alt und erfahren war, daß er allein den Hof beackern und Mutter und Geschwister versorgen konnte. Ein Mann, der Invalide wurde, hatte vor Schaffung der staatlichen Versorgung im Haus des Vaters, Bruders oder Schwagers ohne große Worte unbefristet Bleibe und Brot. Wer heute mit einer Panne liegenbleibt, braucht nie lange zu warten, bis ein Wagen anhält, ihn abschleppt oder über das verbreitete Mobiltelefon fachmännische Hilfe herbeiholt. Niemand erwartet für solche Hilfsleistungen ein Trinkgeld, oft würde es als Kränkung empfunden.

Königshaus

Die Norweger finden ihren König Harald ganz in Ordnung. »Er ist richtig einer von uns« ist das höchste Lob, das sie für ihren Monarchen bereit haben. Dessen Vater Olav war ein wahres Prachtexemplar von einem König. Würdig, intelligent, humorvoll, ein Landesvater wie aus dem Bilderbuch. Er starb 1991.

Die Norweger haben nicht immer so viel Glück mit ihren Königen gehabt. Zu Wikingerzeiten machten sich einige Häuptlinge zu »Jarlen«, zu Kleinkönigen, die heftig Krieg miteinander führten, was den Untertanen meist schlechter bekam als ihnen selbst. Schließlich setzte einer sich durch, einte das Reich, aber dann kamen Hansekaufleute aus vielen Ländern Mitteleuropas, machten sich in Bergen breit, und bald gaben sie in Norwegen den Ton an. Dann verlor Norwegen seine Selbständigkeit und wurde dänische Provinz — besser gesagt: Kolonie. Das Land wurde ausgebeutet und verarmte. 1814 aber gaben sich die Norweger eine eigene Verfassung und wollten einen eigenen König dänischer Abstammung. Das mißfiel den Schweden, die auf dem Wiener Kongreß das kleine deutsche Herzogtum Lauenburg gegen ganz Norwegen eingetauscht hatten. Schwedens König wurde deshalb auch König von Norwegen, erkannte aber die neue Verfassung an. Wirtschaftlicher Aufschwung, Bevölkerungsexplosion, Auswanderung – heute leben in den USA mehr Norweger als in der Heimat–, der Wunsch nach Selbständigkeit wuchs. 1905 einigte man sich mit Schweden – friedlich. Vielleicht geht so etwas nur in Skandinavien. Nun wollte man auch einen eigenen König. Im Land gab es keinen geeigneten Adel, also fragte man den Prinzen Carl, einen Dänen, ob er nicht … Carl war bereit, nahm den Namen Haakon an – heute würde man das Håkon schreiben – und regierte das Land zu allgemeiner Zufriedenheit 52 Jahre lang. Ein sehr großer, sehr hagerer Mann, angesehen, geachtet, ja, geliebt. Er war Olavs Vater.

Militär

Norwegens junge Männer müssen, wie viele in anderen Ländern auch, zur Armee, Marine oder der Luftwaffe. Mit anderen Worten: Es herrscht Wehrpflicht. Diese erfüllen sie hier so gern oder so ungern wie andernorts andere junge Männer. Allerdings ist die Frage des »Soldatenspielens« keine, über die man groß diskutieren müßte. Lästig wie Schule, Masern oder Ohrenwaschen, aber kein Grund sich aufzuregen. Daß diese Frage so gelassen betrachtet wird, verdankt Norwegen seinen ersten Nachkriegsregierungen. Mit der Neutralität in zwei Weltkriegen hat man schlechte Erfahrungen gemacht. Im Ersten verlor man trotzdem den größten Teil seiner Handelsflotte, im Zweiten schlugen sich Deutsche und Alliierte auf norwegischem Boden, bis die Wehrmacht (vorläufig) gewann. Norwegen fand deshalb 1949 den Weg in die Nato. Aber mit Einschränkungen. Immer darauf bedacht, die bis vor kurzem mächtige Sowjetunion nicht zu reizen, beschloß Norwegen, keine fremden Truppen auf seinem Territorium zu dulden. Geschweige denn fremde Waffen. Und Atomwaffen grundsätzlich schon mal gar nicht.

Mitternachtssonne

Nördlich des Polarkreises (66°, 33′ Nord) geht die Sonne im Sommer zeitweilig nicht unter. Faustregel: je weiter nördlich, desto länger dauert die Helligkeit (und die entsprechend lange Nacht im Winter). Die hellen Nächte machen aktiv, der Körper kommt mit weniger Schlaf aus. *Midnattssol* herrscht am *Nordkap* vom *13. Mai bis 29. Juli* und in *Hammerfest vom 16. Mai bis 27. Juli, in Tromsö vom 20. Mai bis 22. Juli, auf den Lofoten (Durchschnitt) vom 28. Mai bis 14. Juli und in Bodö vom 4. Juni bis 8. Juli.*

Religion

Norweger sind Protestanten, evangelisch also. Das ging bei der Reformation recht reibungslos. Der König hatte es eines Tages so verfügt. Es war den Leuten ziemlich egal. Sie hatten schreckliche

Pestepidemien hinter sich, ganz Norwegen zählte erst wieder wenig über 200 000 Köpfe, die Armut war unbeschreiblich, da hatte man andere Sorgen. Wie überall werden heute die Kirchen immer leerer, aber man geht zur Konfirmation und läßt sich beim Pastor trauen. Wer sehr aufgeregt ist, darf es am Tag vor der Hochzeit unter priesterlicher Anleitung richtig mit Orgelspiel und Ringwechsel und kleiner Predigt üben. Selbstverständlich ohne Zeugen.

Die Samen halten ihre Traditionen nur mit Mühe aufrecht

Samen

Eines haben die Samen in den letzten Jahren erreicht: daß sie immer seltener »Lappen« genannt werden. In Kautokeino gibt es heute das von Oslo geförderte Institut der nordischen Samen, das die Rechte der samischen Minderheit mit Nachdruck und Erfolg vertritt. In Norwegen, wo mit über 20 000 zwei Drittel aller Samen leben, bemüht sich der Staat, die jahrhundertelange Ausbeutung der seit dem Ende der Eiszeit ansässigen Urbevölkerung wiedergutzumachen. Das ist schwierig: Die Rentierzucht – nur noch wenige sind echte Rentier-Samen – ist nicht mehr rentabel, die Wald-Samen, vor allem in Tröndelag und Nordland ansässig, betreiben nebenher etwas Viehzucht und, seltener, Ackerbau. Die See-Samen leben vorwiegend vom Fischfang, teils auf Binnengewässern, teils als Seefischer. Beides ernährt seinen Mann kaum noch. So nehmen denn immer mehr Samen Arbeit in Industrie und Handwerk an, wenn es denn in Nordnorwegen Arbeit gibt. Die sozialen Probleme wachsen,

die einst so fest gefügten Familienverbände lockern sich, Traditionen geraten in Vergessenheit. Auch hier versucht das Institut in Kautokeino gegenzusteuern. Brauchtum und Sprache werden gepflegt, überkommene Handarbeiten für Frauen und Männer am Leben erhalten: Weben, Nähen, Flechten aus Birkenrinde und Wurzeln, Schnitzereien aus Holz und Horn, Messerschmieden, Ziehen von Silberdraht für vielerlei Schmuck. Die Samen sind geschickt, manche anerkannte Künstler unter ihnen arbeiten mit nichts als dem »Finnenmesser«. Dennoch: Viele machen Massenware für die Souvenirstände, ziehen im Sommer hinunter bis Jotunheimen, stellen ihr Zelt an die Touristenrouten, verkaufen Ramsch und lassen sich für Geld fotografieren. Ein Bild, das jedem weh tut, der sie noch in der Unendlichkeit der Tundren im hohen Norden erlebt hat. Viele sind längst Sozialhilfeempfänger, Alkohol bedroht große Teile dieses alten Volkes. Aber es gibt auch Ansätze einer Wende zum Besseren.

Skilaufen

Norweger behaupten von sich, sie würden mit Skiern an den Füßen geboren. Tatsächlich hat man Ski gefunden, die 2600 Jahre alt sind. Fast alle Norweger laufen Ski, mehr Langlauf als Abfahrt, aber die Zahl der Skilifte nimmt zu, von Oslo bis nach Finnmark. In höheren Lagen bleibt es schneesicher bis über Ostern. An etlichen Orten ist Skilaufen ganzjährig möglich. Immer mehr Winterpauschalreisen werden von Mitteleuropa angeboten. So fliegt Widerœ von Hamburg und Berlin nonstop nach Fagernes. Die großen Linien bieten Skipauschalarrangements über Oslo an, mit Anschluß in die Wintersportzentren.

Stabkirchen

Stabkirchen sind immer ausschließlich aus Holz. Sie stammen aus dem 11. bis 16. Jh. Grundsätzlicher Unterschied zu den Blockhäusern alter Bauernhöfe: Beim Blockhaus sind alle tragenden Wände aus waagerecht liegenden, aufeinander geschichteten Stämmen (Balken) gefertigt. Die Stabkirche dagegen ist an einem *stav* oder bis zu 20 *staver,* senkrecht stehenden Masten (Stäben, Ständern) aufgehängt. Ebenso wie Fenster sind Zwischendecken und Ausmalungen spätere Zufügungen. Auch Kreuze auf den Dächern sind »jung«, während die Drachenköpfe auf vielen Kirchen stets aus der Frühzeit stammen, Erbe aus Wikingertagen. Einst gab es fast 1000, heute gibt es noch knapp 30 Stabkirchen, manche so stark umgebaut, daß sie kaum noch zu erkennen sind. Die meisten liegen im Südwesten. Auf einer Rundreise ab Oslo kann man auf gut 1000 km 15 alte Stabkirchen besichtigen. Manche sind abgeschlossen – in den Nachbarhäusern herumfragen. Irgendwer hat immer einen Schlüssel und macht auf.

Nr. 1 steht im *Folkemuseum* auf *Bygdöy* in Oslo. Sie ist aus *Gol* umgesetzt worden. Nr. 2 *(E 16 Richtung Fagernes): Hedal* (nicht Heddal!) ist stark umgebaut, Nr. 3: *Reinli,* Wehrkirche aus dem 13. Jh. Nr. 4: *Lomen* (zwischen *Fagernes* und *Sognefjord, weiter E 16),* stark umgebaut. Nr. 5: *Hurum,* von außen ver-

Skilaufen ist mancherorts das ganze Jahr möglich

brettert, daher nicht gleich als Stabkirche zu erkennen. Ebenso Nr. 6: *Öye,* die kleine Fischerkirche. Nr. 7: *Borgund* (immer noch E 16) gilt als die schönste Stabkirche, sicher ist sie die meistbesuchte. Mit der Fähre von *Revsnes* nach *Kaupanger (Straßen 5/55).* Nr. 8 steht dort behäbig und sicher auf ihren 20 *staver.* Nr. 9: *Urnes* (Fähre von Solvorn), die älteste der erhaltenen Kirchen, ihre Schnitzereien sind berühmt. Nr. 10: *Lom.* Außen stark umgebaut, innen sehr schön erhalten (ohne Fenster!), 20 *staver,* in der Höhe durch Andreaskreuze verbunden — hier kein Ausdruck frommen Christentums, sondern uraltes wikingsches Bauelement. Nr. 11: *Vågå* oder *Vågåmo (Straße 15).* Im 16. Jh. stark verändert, erhalten blieben die Drachen über den Türbögen, wohl die ältesten Schnitzwerke an Kirchen. Nr. 12: *Hegge,* 27 km vor *Fagernes (Straße 51),* durch Umbauten stark verändert. Interessante Schnitzereien über der Zwischendecke: Odin-Wotan, der einäugige Germanengott. Nr. 13: Abstecher nach *Uvdal (Straße 40):* stark verändert, aber hübsche Rosenmalerei. Nr. 14: *Nore,* war einst einmastig, wurde nach 1700 erweitert und ausgemalt. Nr. 15: *Heddal (Straße E 134, früher 11),* Norwegens größte Stabkirche, leider um 1850 stark verändert, besonders innen. Zum Glück erhalten: die Schnitzereien an den Portalen (13. Jh.).

Tiere

Die Menschen im heutigen Norwegen sind seit neuntausend Jahren, damals gab das Eis das Land frei, Fischer und Bauern zugleich. Archäologen haben es nachgewiesen. Das ist bei vielen Männern bis heute so geblieben. Nur ein Beruf würde die Familie nicht ernähren, also macht man beide.

Das gezähmte Ren — oder das wilde als Jagdbeute — kam mit den Samen aus Osten. Elch, Bär, Luchs, Vielfraß und viele Vögel stellten sich ein. Rind, Schaf und Pferd folgten, und Wölfe, und daraus entwickelte sich bald das erste richtige Haustier, der Hund. Er half bei der Jagd, beim Hüten der Rentiere, als Zugtier vorm Schlitten, bald wurde er »Familienmitglied«. Das ist er bis heute geblieben. Fairer Umgang mit Tieren ist meist eine Selbstverständlichkeit.

Merkwürdigerweise gilt das nicht für Wale, Robben und andere Meeressäuger, die reichlich unschön abgeschlachtet werden oder wurden. Im Gegensatz dazu geht man mit Pferd, lange Zeit neben dem Boot das wichtigste Verkehrsmittel, Rind und Schaf besser um; man muß sie eben bei Verlust mit barem Geld ersetzen. Den Schafen und Ziegen gehören oft die Straßen. Sie liegen dort gern, weil der Asphalt schneller trocknet als Erde, Leitplanken geben Wind- oder Sonnenschutz. Daß jeder Autofahrer bremst, scheinen die Tiere zu wissen. Sie stehen oft nur unwillig auf. Ein Schaf totzufahren gibt »echt« Ärger. Auch bei Rentieren ist man besonders rücksichtsvoll. Ölkiesstraßen werden manchmal mit Salz abgestreut, damit sie nicht so stauben, denn Salz hält die Feuchtigkeit fest. Dann sind Rentiere, die das Salz auflecken, dort oft kaum zu vertreiben.

Viel Fisch, aber nicht nur Fisch

Die norwegische Küche gilt als einfallslos. Aber da kann man schon mal sein blaues Wunder erleben

Essen

In einem Land mit zweieinhalbtausend Kilometern Küstenlinie und vielen tausend Binnenseen muß einfach Fisch auf den Tisch. Tatsächlich gehören die Norweger zu den Völkern der Erde, die am meisten Fisch essen. Jede Landschaft hat ihre Spezialitäten, aber *torsk* (Dorsch), *sei* (Seelachs, Köhler) und *sild* (Hering) sind immer dabei. Der Hering wird meist eingelegt auf vielerlei Weise. Mir geht nichts über *krydersild* (Kräuterhering), aber das ist natürlich Geschmacksache. Dorsch kann man schlicht kochen, das ist in Norwegen ein gängiges Alltagsessen. Dazu gibt es oft Kohl und Kartoffeln. Norwegische Kartoffeln sind ein Kapitel für sich, oft sind sie weiß und zerfallen, oft sind sie auch »al dente«, nicht so ganz gar. Aber das bessert sich!

Doch zurück zum Dorsch! Da gibt es eine Menge Spezialrezepte. *Törrfisk* (Stockfisch), gekonnt

Für ihren Lachs, in allen denkbaren und undenkbaren Variationen, ist die norwegische Küche weltberühmt

zubereitet, schmeckt viel besser als die sperrigen, trocknen Knüppel vermuten lassen. An der Küste hat jede Hausfrau einen Vorrat *törrfisk* hintern Haus, am Schuppen, am Balkon. Dort bleibt er, bis sie ihn zum Kochen einweicht. Wichtig: Möglichst spät im Frühjahr soll er gefangen sein, das gibt die beste Qualität. Eine spezielle Abart ist *lutefisk,* angetrockneter und dann gekochter Dorsch. Manchmal ist er zwischendurch auch eingefroren gewesen. Den muß man mögen. Da gibt es Verwandtschaft mit einem Hähnchen vom Typ Gummiadler. Allerdings: *lutefisk* gilt vielen als Delikatesse. Das ist ebenso mit *Dorschrogen* und *Dorschleber.* Da habe ich lange gezögert, bis ich sie probierte: schmecken überraschend gut. Ich war zu oft im *sjöhus* eines Fischhändlers, wo der Fang angelandet, ausgenommen und verarbeitet wird. Darum habe ich *Dorschzungen* nie mit dem rechten Genuß essen können, dabei sind sie die teuerste Fischdelikatesse Norwegens. Es ist das alte Vorrecht der Kinder, in der winterlichen Fangsaison die Dorschzungen aus den Köpfen herauszuschneiden und auf eigene Rechnung teuer zu verkaufen. Die Zungen schmecken übrigens ähnlich wie fritierte Austern.

Fiskeboller (Fischklopse oder -klöße), gekocht oder gebraten, sollte man möglichst nicht im Restaurant essen und nicht tiefgefroren im Supermarkt kaufen. Aber die Einladung einer Hausfrau zu diesem Essen dankbar annehmen! Dorsch und *hyse* (Schellfisch), sechsmal sehr fein durch den Wolf gedreht, gehören mindestens hinein. Der Rest bleibt geheim. Jede Norwegerin hat ihr eigenes Rezept, das sie nur den Töchtern weitergibt. Wenn in einem ordentlichen Restaurant *kveite* (Heilbutt) oder *breiflabb* (Seeteufel), gekocht oder gebraten, auf der Speisekarte stehen, greifen Sie zu — erstklassiger Fisch, mit dem norwegische Köche umgehen können, ebenso mit *steinbit* (Steinbeißer). Aber norwegische Hausfrauen können das auch! Hummer und *reker* (Krabben) gibt es in guter Qualität. Frische *örret* (Forelle) bekommt man aus Süßwasser. Und dann natürlich *laks!* Wildlachs ist wahnwitzig teuer und nur in großen Restaurants zu bekommen. Farmlachs drängte zeitweilig in solchen Mengen auf den Markt, daß Lachs billiger zu kaufen war als Dorsch. Das hat sich zur Zeit wieder geändert. Wenn Sie ==graved laks== (marinierten Lachs) kaufen wollen, fragen Sie am besten ein paar Norweger im Ort nach einer guten Quelle. Die eingeschweißte Supermarktware kann sehr unterschiedlich sein. Das gilt ebenso für Räucherlachs. Einige Fischer

oder Fischhändler räuchern selbst. Jeder hat *sein* Rezept. Salz und Zucker spielen eine Rolle, die Trockenzeiten des Fischs vor und nach dem Räuchern, die Temperatur im Kühlraum. Bitte beachten: Man kann Lachs einfrieren, auftauen, dann räuchern. Man kann ihn auch räuchern und dann einfrieren. Nur: frisch gefrosteten und dann aufgetaut geräucherten Fisch darf man nicht erneut einfrieren. Wenn ein Fischer aus seiner Tiefkühltruhe einen gefrosteten Lachs verkauft, ist der zwar eingeschweißt, aber meist nicht ausgenommen. Das macht nichts, die Fischer tun es absichtlich. Auch beim Räucherlachs gilt: Einheimische fragen, im *turistkontor,* an der Tankstelle. Über die Preise ist derzeit kaum etwas zu sagen. Der Preis war tief im Keller, hat sich dann etwas erholt, steht aber jetzt schon wieder auf der Kippe.

Fleisch wird in Norwegens Restaurants eher nachlässiger zubereitet als in Mitteleuropa. Zwei Spezialitäten jedoch: ==reindyr== (Ren), das in sehr unterschiedlicher Weise angerichtet wird und fast immer ausgezeichnet schmeckt. Dazu gehören ==tyttebærer== (Preiselbeeren). Die zweite Spezialität: ==rype== (Schneehuhn), vorwiegend im Norden. Ißt man (teuer) am besten im Restaurant. Ob man einen langweiligen, wachtelgroßen Vogel oder eine Delikatesse auf dem Teller findet, liegt am Koch und dessen Tagesform. Wenn die Reisekasse es hergibt: versuchen!

Norwegische Hausfrauen sind Meisterinnen in Desserts und Kuchenbacken. Auch viele Hotelköche eifern ihnen mit Erfolg nach. In kleineren Gasthö-

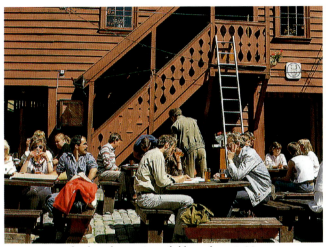

Gutes Essen und unkomplizierte Gemütlichkeit gehören in Norwegens Restaurants zusammen

fen kann Ihnen allerdings Erstaunliches widerfahren, wie etwa halbroher, ungeschälter und ungeschnittener Rhabarber mit etwas Eischaum drüber. In solchen Fällen treffen Proteste auf Unverständnis. Wo immer sie Ihnen angeboten wird: Probieren Sie *römmegröt* (Gerstengrütze mit saurer Sahne, Butter, Zucker; eigentlich ein Weihnachtsessen, sehr typisch).

Drei Hauptmahlzeiten sind in Norwegen üblich: *Frokost,* oft mit Rührei, entspricht unserm Frühstück. Die Hauptmahlzeit wird entweder mittags oder abends gegessen. Mittags heißt sie *middagsmat,* abends *kveldsmat.* Danach trinkt man Kaffee.

Trinken

Kaffee wurde schon erwähnt. Den gibt es natürlich auch zum Frühstück. Tee findet man meist nur in Aufgußbeuteln. Zu Haus trinkt man viel Milch, auch einfach Wasser zu den Mahlzeiten oder ein einheimisches Bier. Wein kommt in Mode, ist aber teuer. Was die EU-Länder von Griechenland bis Spanien den arglosen Norwegern als »guten Wein« andrehen, ist ein Skandal. Der steigende Weinverbrauch hat den Schnapskonsum sinken lassen. Teuer, aber unerreicht: *Linie-Aquavit* (ca. 280 NOK).

Restaurants

Die großen Hotels haben meist international geführte Restaurants, die zu den teuersten Europas zählen. Mit Fisch ist man oft besser bedient als mit Fleisch. Billiger kommt man in den vielen Selbstbedienungsrestaurants – oder den Kiosken – weg, mit belegten Broten, Würstchen, Hamburgern, und in *Gatekjökken* (Straßenküchen), man ißt im Stehen und auf der Straße, alles, was durch die Luke verkauft wird.

Kunstgewerbliches aus Wolle oder Holz

Ob warme Norwegerpullis, geschnitzte Holzlöffel oder Stickbilder — Sie finden alles bei »Husfliden«

Vorweg: Norwegen ist nicht unbedingt ein Einkaufsparadies. Erstens ist das meiste teuer, und dann ist das Angebot — abgesehen einmal von den international bekannten Markenboutiquen und Läden in Oslo — in den Städten begrenzt, auf dem Land schlicht nicht vorhanden. Wenn Sie also auf der Suche nach schicken Kleidern oder Designerschuhen sind, wird Ihre Suche in Norwegen wohl vergeblich sein. Aber wenn Sie den Lieben daheim etwas Norwegisches mitbringen wollen, gibt es außer den weltweit angebotenen Souvenirs ostasiatischer Produktion auch ein paar hübsche Dinge garantiert heimischen Ursprungs. Obenan: Norweger-Jacken und -Pullover, in vielen Geschäften, immer aber bei *Husfliden,* den Kunstgewerbeläden, die es in jeder Stadt gibt. Dort finden Sie gleichzeitig auch Wolle zum Selbststricken, Schnitzarbeiten

Bei »Husfliden«, den Kunstgewerbeläden, finden Sie garantiert Norwegisches, vor allem Gestricktes und Gewebtes

aller Art vom traditionellen Hochzeitslöffel bis zu den zwar einheitlichen, aber handgeschnitzten und hübschen bunt bemalten Figuren. Auch den in Norwegen (ebenso wie die Büroklammer) erfundenen Käsehobel gibt es dort. In Haushaltsgeschäften bekommt man gutes heimisches Porzellan *(Porsgrunn),* Glaswaren *(Hadeland)* und Bestecke. Bei Silberschmuck und Zinn findet man viel »Wikingermotive«. In Lappland empfehlen sich samische Flechtwaren aus Birke, Kiefernspan und feinem Wurzelwerk, hölzerne Tassen und Kellen aus Salweide, Löffel aus Rentierhorn, Messer. Rentierfelle sehen hübsch aus, leider haaren sie zu Haus fast alle nach kurzer Zeit wie Nachbars Katze. Das gilt leider auch für warme Hausschuhe aus Rentierfell — die man eigentlich nie braucht. In Norwegens Wohnungen, auch in vielen Arztpraxen, läßt man die Schuhe vor der Flurtür und geht auf Strümpfen. Sehr hübsch bei *Husfliden:* gestickte Bilder, abgepackt auch das komplette Material, um solch ein Bild selbst zu sticken.

Feste rund um Jazz, Theater und Ski

Norweger sind nicht so nüchtern wie ihr Ruf: viel Spektakel um Kino, Kunst, Konzert, Kultur, Folklore und Sport

OFFIZIELLE FEIERTAGE

Nationalfeiertage sind der *1. Januar* und der *17. Mai,* der Tag des Grundgesetzes, an dem die Osloer in einem bunten Festzug zum Schloß ziehen. Auch in allen anderen Orten des Landes wird gefeiert. *Gründonnerstag, Karfreitag, Ostern, 1. Mai, Himmelfahrt, Pfingsten* und *Weihnachten* werden wie in Deutschland auch gefeiert. Dazu *jonsok,* der *23. Juni,* mit Feuern, Feiern und einem guten Schluck zur Sommersonnenwende.

REGIONALE FESTE

In Norwegens *fylker,* Bezirken, wird das ganze Jahr gefeiert. Hier finden Sie die wichtigsten Ereignisse der (alphabetisch geordneten) Bezirke:

Akershus
Ende Juni *Internationales Open-air-Rockfestival Sandvika bei Oslo*

Norweger haben ein ausgeprägtes Nationalbewußtsein. Am 17. Mai, dem Nationalfeiertag, herrscht auf Oslos Straßen Hochstimmung

Aust-Agder
Anfang Mai *Internationale Kinder-Kulturwoche Arendal.* Mitte Juni *Internationale Kurzfilmtage Grimstad.* Anfang Juli *Kunsthandwerkfestival in Risör.* Anfang/Mitte Aug. *Internationales Holzboot-Festival Risör*

Buskerud
Anfang März *Golf auf Schnee Hemsedal.* Mitte Juni *Norge Junior World Cup Handball in Drammen, 400 Teams.* Anfang Juli *Internationales Jazzfestival Kongsberg*

Finnmark
Anfang März *Finnmarkslauf (Schlittenhundrennen über 1000 km) ab/bis Alta.* Mitte März *Arctic Sky (Ballonfestival) in Kirkenes.* Ende März/April ★ *Osterfestival der Samen (u. a. Hochzeiten, Rentierrennen) in Karasjok* und *Kautokeino.* Mitte Juni *Nordkappfestival (Ausstellungen, Konzerte, Tanz)* und *Nordkappmarsch 70 km, unter 15/über 60 nur 35 km in Honningsvåg*

Hordaland
Ende März/Anfang April *Vossajazz mit Jazz und Folkrock in Voss.* Ende April *Bergen Blues & Roots (Country, Blues, Rock).* Mai–Aug.

Sommer-Bergen (tgl.). Ende Mai/ Anfang Juni Internationale Festspiele Bergen (Theater, Oper, Musik). Ende Mai/Anfang Juni Obstblütenfest in Lofthus und Kinsarvik; Musikfestival in Rosendal. Ende Juni–Aug. ★ Grieg-Sommerkonzerte auf Troldhaugen *bei Bergen*

Möre og Romsdal

Ende Jan./Anfang Feb. Opernfestwoche Kristiansund. Mitte Juli ★ Internationales Jazzfestival in Molde *(400 Top-Jazzer aus aller Welt)*

Nordland

Ende März/Anfang April ★ Weltmeisterschaft im Dorschangeln *(offen für jeden) in* Svolvær/Lofoten. *Ende Juli Arctic Sea Kayak Race (offen für jeden) vor Sortland/Vesterålen. Ende Juli/Anfang Aug. MusikFestwoche Bodö*

Nord-Tröndelag

Ende Juli Stiklestadfestival mit Spiel um den Heiligen Olav in Stiklestad. Ende Aug. Elchfestival mit garantierter Elchbeobachtung in Namsskogan

Oppland

Mitte März Birkebeiner Skirennen 58 km Rena—Lillehammer. Anfang April Ritterwoche (Behindertenwettbewerbe) in Beitostölen.

Anfang Mai Norwegisches Literaturfestival (Sigrid-Undset-Tage) Lillehammer. Anfang Juni Gebirgsmarathon Vågå-Valdresflya—Beitostölen mit über 5000 Teilnehmern. Anfang Juli Country-Festival Vinstra. Anfang Aug. Peer-Gynt-Wettbewerb (Ausstellungen, Musik und Open-air-Theater-Vorstellungen) Vinstra-Golå. Mitte Okt. Döla-Jazzfestival Lillehammer

Allein das Holmenkollen-Skifestival im März lohnt die Norwegenreise. Kein skibegeisterter Osloer läßt es aus

MARCO POLO TIPS FÜR FESTE

1 Osterfestival der Samen
Ostern, das große Samenfest in Kautokeino und Karasjok mit Hochzeiten, Taufen, Rentier- und Hunderennen (Seite 27)

2 Grieg-Sommerkonzerte
Im Garten der Grieg-Villa bei Bergen von Juni bis August »Konzerte auf Troldhaugen« (Seite 28)

3 Internationales Jazzfestival in Molde
Es gibt viele Jazzfestivals in Norwegen. Das in Molde (Mitte Juli) hat internationalen Ruf (Seite 28)

4 Angel-WM in Svolvær
Unter allen Angelfesten ist die Dorsch-Weltmeisterschaft in Svolvær das größte (Seite 28)

5 Holmenkollen-Skifestival
Wenn Mitte März die Skispringer von der Schanze fliegen, ist halb Oslo auf den Beinen, die Königsfamilie eingeschlossen (Seite 29)

Oslo
Mitte März ★ *Holmenkollen-Skifestival,* zu dem nicht nur ungezählte Norweger, sondern auch alle Mitglieder der Königsfamilie kommen. Angang April *Villmarks-Messe (Jagd, Angeln).* Mitte Juni *Oslo Kammermusikfestival* und *Mittelalterfestival.* Anfang Juli *Bislett Leichtathletik Games.* Ende Juli/Anfang Aug. *Internationales Jugendfußballturnier für 1000 Mannschaften.* Mitte Nov. *Oslo Filmfestival.* Anfang Dez. *Verleihung Friedensnobelpreis*

Östfold
Ende Sept. *Gesteins- und Mineralienmesse Moss*

Rogaland
Ende Mai *Drachenfestival mit 5000 Teilnehmern bei Sola.* Anfang Juni *Wikingerfestival Karmöy.* Anfang Aug. *Silda Jazzfestival Haugesund.* Mitte Aug. *Spielfilmfestival Haugesund.* Mitte Sept. *Orgelfestival Haugesund und Karmöy*

Sogn og Fjordane
Ende Juni *Heringsfestival Florö*

Sör Tröndelag
Mitte/Ende Juli *Den store styrkepröven (Die große Kraftprobe), Radrennen (für jeden), 560 km Trondheim—Oslo.* Ende Juli/Anfang Aug. *Olavs-Festwochen in Trondheim*

Troms
Mitte Jan. *Nordlichtfestival (klassische und zeitgenössische Musik) in Tromsö.* Ende Jan. *Filmfestival Tromsö.* Ende Juni *Nordnorwegen-Festspiele Harstad (größte Kulturwoche im Norden).* Anfang Juli *Mitternachtssonnen-Marathon Tromsö*

Vest-Agder
Mitte Mai *Internationale Kirchenkonzerte in Kristinsand.* Anfang Aug. *Schaltierfestival Mandal*

Vestfold
Mitte Juni *Schärenfestival mit 3000 Musikern in Tönsberg und Umgebung (jedes 2. Jahr)*

Schon tief unten ist der ganze Norden

*Sie müssen nicht bis zum Polarkreis. Denn in Südnorwegen
finden Sie alles, was Sie vom Norden erwarten*

Es gibt viele gute Gründe, sich bei Ihren ersten Norwegen-Reisen auf den Süden des Landes zu beschränken: Er hat auf relativ kompaktem Raum all das, was der Gast von Norwegen, dem »Weg nach Norden«, erwartet: Fjorde und Bergseen, Gebirge und die weite Einsamkeit men-

*Oslos Hauptstraße »Karl Johans«
mit dem Schloß*

schenleerer Hochflächen, schier unendliche Wälder, gewaltige Wasserfälle über lieblichen Mittelgebirgstälern. Die Südküste, Norwegens Riviera, ist fast so warm wie eine Badeküste in Mitteleuropa. Oft allerdings fehlt der Strand, dafür gibt es Tausende rundgewaschener Felsbuckel, die Schären, wie geschaffen, um dort mit oder ohne Bikini sich in der Sonne zu aalen. Oder auf einem der ungezählten Boote in

---

Hotel- und Restaurantpreise

Hotels
Kategorie 1: über 100 Mark
Kategorie 2: 50 bis 100 Mark
Kategorie 3: bis 50 Mark
Die Preise gelten für eine Person im Doppelzimmer mit Frühstück pro Nacht. Mit Hotelpaß oder bei Buchung in Hotelketten Ermäßigung möglich.

Restaurants
Kategorie 1: über 50 Mark
Kategorie 2: 30 bis 50 Mark
Kategorie 3: unter 30 Mark

Die Preise gelten für ein Essen mit Vor-, Haupt- und Nachspeise incl. Alkohol (Kategorie 3 ohne Alkohol). Preiswerter nur in Selbstbedienungsrestaurants, an Imbißständen, Kiosken und Gatekjøkken (Straßenküchen, oft ohne Sitzgelegenheit).

Wichtige Abkürzungen
gt. gate (Straße)
pl. plass (Platz)
v. vei (Weg, Straße)

dem Gewirr der Wasserstraßen herumzuschippern. Der Süden ist dichter besiedelt als die anderen Bezirke, *fylker,* des Landes. Aber immer bleibt Platz für jeden.

OSLO

(**C 10–11**) So schön Oslo auch liegt: Vielfingrig greift der breite Oslofjord bis tief in die Stadt, Hafen und Zentrum trennen nur ein paar Minuten Fußweg, an sanft ansteigenden Hängen ziehen sich die Wohnstraßen bis in 400 Meter Höhe, immer wieder reicht Wald in die Stadt hinein.

So bezaubernd Oslo also auch sein mag, eines steht leider so fest wie ein norwegischer Felsblock: Dieses Oslo ist eine der teuersten Städte der Welt.

Schon zu Wikingerzeiten war Oslo ein wichtiger Platz. Im Mittelalter wurde es zeitweilig zur Residenz erhoben, ehe die Union mit Dänemark ihm seine Bedeutung nahm. Wiederaufbau durch Christian IV. nach einem Großbrand 1624 unter dem neuen Namen Christiania. Aufschwung nach 1814 während der Personalunion mit Schweden. Neue Namen: 1877 Kristiania, 1925 wieder Oslo.

MARCO POLO TIPS FÜR DEN SÜDEN

1 Hardangervidda
Größtes Hochplateau Europas, 1200—1400 m hoch, südlichste Wild-Ren, ein Wanderparadies (Seite 37)

2 Holmenkollenschanze
Der »Hausberg« der Hauptstadt Oslo ist zwar die meistbesuchte Touristenattraktion, aber dort oben ist viel Platz. Traumhafter Ausblick (Seite 33)

3 Jotunheimvei
Abseits des Asphalts in der herrlichen Gebirgswelt. Mit dem Auto befahrbar, aber ungezählte Möglichkeiten nach beiden Seiten für stilles Wandern (Seite 38)

4 Karl Johans Gate
Auf Oslos »Hauptstraße« zwischen Schloß und Parlament weht der Wind der großen weiten Welt: Menschen aller Hautfarben, elegante Geschäfte, Straßenhändler, Biergärten (Seite 33)

5 Munch-museet
Norwegens berühmtestem Maler Edvard Munch ist in Oslo ein ganzes Museum gewidmet (Seite 34)

6 Peer-Gynt-Vei
Parallel zur E 6 führt die herrliche Hochgebirgsstraße zu schönen Aussichtsplätzen (Seite 38)

7 Setesdal
Die Süd-Nord-Straße von Kristiansand ins Innere klettert von Null hinauf ins Gebirge, vorbei an vielen uralten Holzhäusern (Seite 39)

Lassen Sie das Auto stehen. Die Parkgebühren im Zentrum sind sehr hoch, und dazu kommen 12 NOK Maut (*bompenger*) fürs Fahren in die City. Wer doch das Auto nimmt: Eine Parkbroschüre gibt es kostenlos bei Tankstellen und Hotels.

AUSSICHT AUF DIE STADT

Holmenkollenschanze

★ ☀ Einen phantastischen Blick auf Stadt und Fjord hat man vom Turm der *Holmenkollenschanze* (417 m) oder vom ☀ *Tryvannstårnet* (588 m). Beides mit *Holmenkollenbahn ab Nationalmuseum, dazu je 10 Min. Fußweg oder mit Auto.*

BESICHTIGUNGEN

Akershus (Schloß und Festung)

Residenz 1319–1380; 1627 Umbau zum Renaissanceschloß. Es wird heute zu Staatsempfängen benutzt. *Mai bis Sept. tgl. 10–16 Uhr, April und Okt. nur So. Eintritt 10 NOK. Zugang vom Festungsplatz. Freier Zutritt zu den ☀ Festungswällen ganzjährig 6–21 Uhr. Mai–Okt. So Konzerte in der Schloßkirche.*

Det Kongelige Slot (Schloß)

Das Stadtschloß der Königsfamilie am Westende der berühmten *Karl Johans Gate* ist nicht zugänglich, der Schloßpark aber ständig für alle offen. *Wachablösung Mo bis Fr 13.30 Uhr*

Domkirke

Die *Kongensgate* verbindet *Akershus* mit dem Dom am *Stortorget (Großer Markt)*. Die Kirche, 1697 eingeweiht, wurde vielfach umgebaut. Trotzdem sehenswert!

So nur für Gottesdienst, Mo–Fr 10 bis 15, Sa 10–13 Uhr (Sommer), sonst 10–13 Uhr

Frognerparken

☗ Der Park liegt im Westen der Stadt. Sein Zentrum: die *Vigelandsanlegget*, das überwältigende Lebenswerk des Bildhauers Gustav Vigeland (1869–1943), manches sehr »germanisch«, immer wieder bestaunt der 17 m

17 Meter hoch ragt der Vigeland-monolith in Oslos Sommerhimmel

hohe Monolith, eine Granitsäule aus über 100 Menschenkörpern. *Haupteingang Kirkeveien, Straßenbahn 2 ab Nationaltheater. Ständig geöffnet, abends beleuchtet*

Karl Johans Gate

★ ☗ Zwischen Schloß und Parlament: die Bummelmeile der Stadt, Menschen aus aller Herren Ländern, fliegende, oft farbi-

33

ge Händler. In ✪ *Studenterlunden,* den Cafés der schmalen Grünanlage, hockt man stundenlang und trinkt *fatöl,* Faßbier, schales Bier aus großen Plastikbechern. Oder ißt gutes Eis.

Rådhuset (Rathaus)

Das wuchtige Gebäude aus rotem Backstein am *Hafenzentrum Pipervik* beherrscht das Bild, ob man mit Schiff, Auto oder Flugzeug anreist. Erbaut 1933 bis 50, im Inneren berühmte Monumentalmalereien, u.a. von Edvard Munch.

Sightseeing

Grand tur mit Bus und Boot (inkl. Lunch) im Sommer: 10.30–18 Uhr; Bus: 10.30 und 13 Uhr, alle ab Rathaus. Mit Boot ab Rådhusbrygge 3 oder 4. Verschiedene Touren 50 bis 150 Min.

Storting (Parlament)

Dem Schloß »gegenüber« am Ostende der *Karl Johans,* wie die Osloer sagen.

MUSEEN

»Fram«-Museet, »Gjöa« und »Kon-Tiki«

Mit dem Dreimaster *Fram* (Vorwärts), um den heute ein ganzes Haus gebaut ist, stieß Fridtjof Nansen vor 100 Jahren (fast) bis zum Nordpol vor. Er lieh das Schiff Roald Amundsen für dessen Entdeckung des Südpols 1911. Mit *Gjöa* (Freiluft) umsegelte Amundsen 1903/06 als erster Amerika im Norden. Das Balsaholzfloß *Kon-Tiki* trug Thor Heyerdahl 1947 von Südamerika zu den Osterinseln. *Bygdöy, Tel. 22 12 35 50 (Fram); 22 43 80 50 (Kon-Tiki). Gjöa nicht zugänglich,*

die anderen im Sommer tgl. 10–18 Uhr, sonst kürzer; Fram Dez.–März geschl., Eintritt 10 NOK Fram, 15 NOK Kon-Tiki

Henie-Onstad-Kunstsenter

Als Eislaufkönigin Sonja Henie den Osloer Reeder Niels Onstad heiratete, sagte man: Na ja! Dann aber schufen sie (und hinterließen der Allgemeinheit) ihr Zentrum für zeitgenössische Kunst an der *Autobahn nach Drammen, Ausfahrt Bærum.* Ist schon das Gebäude am Fjord ein Kunstwerk an sich, birgt es außer Dänemarks »Louisiana« die bedeutendste Sammlung moderner Kunst in Nordeuropa. *Høvikodden, Tel. 22 54 30 50. Bus 151, 153, 162. Di–Fr 9–21, Sa, Mo 11 bis 17 Uhr, Eintritt 30 NOK*

Munch-museet

★ Norwegens berühmtester Maler Edvard Munch (1863 bis 1944) vermachte Lebenswerk und Sammlung der Stadt Oslo: 1200 Bilder, 4500 Zeichnungen, 18 000 Graphiken besitzt das Museum. Im Sommer werden die bekanntesten Bilder gezeigt, im Winter Sonderschauen. *Töyengt. 53. Bus 29 nach Töyen. Sommer Di–Sa 10–20, So 12–20 Uhr, Eintritt 25 NOK*

Nationalgalleriet

Gute Bildersammlung. Sehenswerte Munch-Abteilung. Skandinavische und europäische Maler von 1800 bis heute. *Universitetsgt. 13, Mo, Mi, Fr 10–16, Do 10 bis 20 Uhr, Di, So geschl., Eintritt frei*

Norsk Folkemuseum (Norwegisches Volksmuseum)

170 alte Häuser aus Stadt und Land sind hier wieder aufgebaut

worden und zeigen Leben und Wohnen über die Jahrhunderte. Ältestes Gebäude: die (echte) *Stabkirche* aus dem Ort *Gol* von ca. 1200. In einem Stadthaus Henrik Ibsens Arbeitszimmer. *Bygdöy, Tel. 22 43 70 20, Mo–Fr 10 bis 18 (Sommer), So 11–17 Uhr, Winter kürzer. Im Sommer So Volkstanz in alten Trachten. Eintritt 35 NOK*

Norsk Sjöfartsmuseum (Schiffahrtsmuseum)

Direkt am Fjord, großzügig gestaltet, gut gegliedert: alles, was »Seeleute« begeistert. Im Museum das gute *Restaurant Najaden, Kategorie 1. Bygdöy, tgl. 10–20 Uhr im Sommer, sonst kürzer, Eintritt 20 NOK*

Vikingskipshuset (Wikingerschiffe)

Gleich neben dem Folkemuseum: drei gut erhaltene Wikingerschiffe von ca. 850, darunter das berühmte, reichgeschnitzte Osebergschiff (ein Königinnengrab); die anderen waren Gebrauchsfahrzeuge. *Bygdöy, Tel. 22 43 83 79, Mai–Aug. tgl. 10–18 Uhr, sonst kürzer. Eintritt 20 NOK*

Nicht versäumen: die Wikingerschiffe im Vikingskipshuset

Bagatelle

Norwegens einziges Restaurant mit Stern. Die Fischgerichte sind Spitze. Vorbestellen! *Bygdöy allé 3, Kategorie 1*

Blom

Beim Umbau des Hauses Stein für Stein abgetragen und später originalgetreu wieder aufgebaut: der teure Künstlertreff Oslos, gute Küche, im Sommer kleine Karte. *Karl Johansgt. 41 B, Kategorie 1*

b/s Louise

Preiswerter und origineller ißt man im »Louise« im Einkaufszentrum *Aker Brygge* beim Rathaus. Sehr maritim: Die Einrichtung war Salon einer Fähre. *Stranden 3, Kategorie 1–2*

Stephanie

Norwegens Küche in Vollendung. Natürlich Fisch und zum Lunch das große Büfett. *Parkveien 68, Kategorie 1*

... und noch drei Cafés

Theatercaféen im »Continental«, ein Hauch von Wien in Oslo. *Stortingsgt. 24. – Grand Café* im »Grand Hotel«, einst Henrik Ibsens Stammcafé. *Karl Johansgt. 31. – Brödrene Bergh* für alle, die sich »in« fühlen. *Karl Johansgt. 35. Alle Cafés Kategorie 1*

Aker Brygge am *Hafen* (65 Geschäfte, 30 Lokale in einem Komplex), *Paneel* in der *Karl Johansgt., Oslo City* an der *Centralstasjon* und *Galleri Oslo,* nicht weit davon, sind Mischungen

Legen Sie eine Pause bei den Blumenanlagen vor dem Nationaltheater ein

von vielen kleinen exklusiven Geschäften, Ramschläden, Cafés, Speiselokalen, Imbißständen, ein bißchen Kunst und Theater. Viele Geschäfte auch auf der *Karl Johansgt.* und in ihren Nebenstraßen. Nie zu vergessen (auch in anderen Städten): *Husfliden;* Kunsthandwerk, Geschnitztes, Gestricktes, Gesticktes, Zinn und und und. *Möllergt. 4*

HOTELS

Anker Hotel

Mittelklassehotel. *130 Zi., Storgt. 55, Tel. 22 11 40 05, Fax 22 11 01 36, Kategorie 2*

Grand Hotel

Traditionsreiches Hotel, im Zentrum gelegen, gut geführt. *260 Zi., Karl Johansgt. 31, Tel.* *22 42 93 90, Fax 22 42 12 25, Kategorie 1*

Holmenkollen Park Hotel

Hoch über der Stadt dicht an der Sprungschanze. Zimmer mit Blick auf die Stadt und den Flugplatz ordern. *120 Zi., Kongev. 26, Tel. 22 92 20 00, Fax 22 14 61 92, Kategorie 1*

Rica Triangel Hotel

Gut und preisgünstig. *146 Zi., Holbergs plass 1, Tel. 22 20 88 55, Fax 22 20 78 25, Kategorie 1—2*

SPIEL UND SPORT

Jede Art von Wassersport, Schwimmen, Leichtathletik (weltberühmt: das *Bislet-Stadion*), im Winter Ski *(Holmenkollen)* und Eislauf. Dicht bei Oslo ist der Fjord zum Baden zu stark belastet. Die Wasserqualität wird zum Meer hin immer besser. Nähere Informationen in den örtlichen *Turistinformasjon*

AM ABEND

Da werden in Oslo viele Straßen ruhig. Betrieb aber ist immer in *Studenterlunden (Karl Johansgt.)*, in *Aker Brygge* und den davor schwimmenden Kneipen. Das *Nationalteatret, Stortingsgt.*, spielt auf *bokmål, Det Norske Teater, Kristian IV. gt.*, auf *nynorsk*, den beiden norwegischen Landessprachen.

AUSKUNFT

Oslo Turistinformasjon
Im alten Westbahnhof (sehr sehenswert) zwischen Rathaus und Aker Brygge. Sommer Mo–Fr 8.30–19, So 9–17 Uhr, Tel. 22 83 00 50, Fax 22 83 81 50

Turistinformasjon im Centralbahnhof
8–24 Uhr außer Feiertage, Tel. 22 17 11 24, Fax 22 17 66 13

ZIELE IN DER UMGEBUNG

Eidsvoll (80 km)   (D 10)
Auf dem Herrenhof Eidsvoll, 80 km nördlich von Oslo, traf sich am 4. April 1814 die erste *riksforsamling*, Reichsversammlung, und verabschiedete das *grundlov*, Norwegens Grundgesetz. Der *rikssal* blieb unverändert. *Im Sommer tgl. 10–17, sonst kürzer, im Winter nur 12–14 Uhr, Eintritt 20 NOK*

HARDANGERVIDDA

(**B 10**) ★ Von *Haukeligrend* über *Haukeliseter* nach Westen bis zur Reichsstraße 13 (früher 47) nach Norden, ab *Kinsarvik* die 7 nach Osten, erreicht man nach 160 km die *Hardangervidda*, mit 9000 qkm ⩗ größtes Hochplateau Europas (davon sind 3500 qkm Nationalpark). Diese Urlandschaft, 1200–1400 m hoch, ist nur wenige Monate im Jahr schneefrei, die Vegetation ist arktisch, hier leben die südlichsten wilden Rentiere der Welt. Gefahrloses Wandern auf markierten Pfaden. In Schutzhütten übernachten.

KRISTIANSAND

(**B 12**) Meist wird dem Namen der Stadt an der Südküste noch ein »S.« nachgestellt, damit man sie nicht mit »Kristiansund N.« (N. wie Nord) verwechselt. Typisch für die Stadt (65 000 Ew.) ist der schachbrettförmige Grundriß, den König Christian IV. ihr 1641 nach einem Brand verordnete. Die Stadt an sich ist älter. Heute wichtiger Fährhafen nach Dänemark (1 Mio. Passagiere).

BESICHTIGUNG

Oddernes Kirke
Die Kirche stammt von 1040, der Westturm aus Holz kam 1699 hinzu. Der Runenstein vor der Kirche berichtet über deren Bau. *Oddernes Kirke, tgl. außer Sa 9–14 Uhr, Eintritt frei*

MUSEUM

Vest Agder Museum
Eines der bestgeführten und interessantesten Freilichtmuseen Norwegens. *Etwas außerhalb Richtung Osten. Sommer tgl. 10–18, So erst ab 12 Uhr, Eintritt 25 NOK*

Bondeheimen
Preiswert. *26 Zi., Kirkegt. 15, Tel. 38 02 44 40, Fax 38 02 73 21, Kategorie 2—3*

Turistkontor
Henrik Wergeladsgt. 17, Tel. 38 02 60 65, Fax 38 02 52 55

Kap Lindesnes (80 km)   **(B 12)**
☙ Südlichster Punkt Norwegens mit Leuchtturm von 1915.

Mandal (45 km)   **(B 12)**
»Norwegens sonnigste Stadt«. Der Strand, liegt nur wenige hundert Meter vom Zentrum. Alles ist richtig »hübsch«. Das *Tregde Feriesenter* in der Nähe hat günstige Preise: Hütten für 106 Personen. *Tel. 38 26 88 00, Fax 38 26 88 89, Kategorie 2*

LILLEHAMMER

(C 10) Stadt der Olympischen Winterspiele 1994. Auch vorher schon ein bekannter Wintersport- und Ferienort, 155 km nördlich von Oslo an der E 6 nach Trondheim. Lillehammer ist eine junge Stadt ohne historische Bauten. Über die Olympiabauten wird gestritten. *Turistkontor 61 25 92 99.* Wohnen können Sie luxuriös im *Oppland Hotel, Hamarv. 2, Tel. 61 25 85 00, Fax 61 25 53 25, Kategorie 1;* günstiger im Familienhotel *Gjestehus Ersgaard, Nordseterv. 201, Tel. 61 25 06 84, Fax 61 25 31 09, Kategorie 2—3.* Am Stadtrand hat ein Zahnarzt vor hundert Jahren 130

Bauernhäuser, Sennhütten, Handwerkerhäuser gesammelt: ☀ *De Sandvigske Samlinger,* Nordeuropas größtes Freilandmuseum. *Maihaugen, Tel. 61 25 01 35,* Sommer 9—19 Uhr. Zugang zu den historischen Werkstätten im Winter, tgl. 11—14 Uhr, Eintritt 60, Kinder 25 NOK

Jotunheimvei
(Jotunheimweg)   **(C 9)**
★ Man biegt von der Straße 51 bei *Bygdin* hinter dem 1028 m hoch gelegenen See *Vinstervatn* nach Osten auf den Jotunheimweg ab, meist auf Schotter und Ölkies. Das ist *höyfjell* (Hochgebirge) pur mit Bergen und Geröllhalden, Mooren, Bächen, Wasserfällen, Seen — und Ziegen! Schneebedeckte Gipfel im Sommer und viel Wintersport in den kalten Monaten. Dies ist einer der urweltlichsten, mit dem Auto gut zu erreichenden Straßenabschnitte aller Hochflächen Norwegens. Die Straße, streckenweise mautpflichtig, trifft (nach 78 km) bei *Vinstra* auf das Ende des *Peer-Gynt-Vei (Peer-Gynt-Weg).*

Peer-Gynt-Vei
(Peer-Gynt-Weg)   **(C 9)**
★ ☙ Die E 6 von *Lillehammer* verläßt man in *Fåberg* auf der Straße 255 nach Westen. Sie trägt den Namen Peer Gynts, des Abenteurers und Geschichtenerzählers oder -erfinders. Er hat irgendwann zwischen 1600 und 1780 gelebt, wo, ist umstritten. Die Straße gewinnt schnell an Höhe und führt gut 80 km — vorbei an vielen Ski- und Hochgebirgshotels — über eine der schönsten Alm- und Gebirgsstrecken (bis 1035 m hoch mit herrlichen

Noch hat die Ölstadt Stavanger schöne Winkel

Ausblicken auf Jotunheimen, Rondane und Dovrefjell).

SANDEFJORD

(**C 11**) ✛ Alte Walfängerstadt am Westufer des Oslofjords mit *Hvalfangsmuseet,* das alles über Wale und Walfang zeigt. *Museumsgt. 39, Sommer Mo—Fr 11—16, So bis 17 Uhr. Eintritt 20 NOK*

SETESDAL

(**B 11—12**) ★ Das Setesdal ist — über Straße 9, früher 39 — die große Süd-Nord-Verbindung von Kristiansand aus. Landschaftlich abwechslungsreich, steigt es entlang dem Fluß Otra immer höher, erreicht vor *Haukeligrend* mit 717 m seinen höchsten Punkt, ehe die Straße dort nach Odda abbiegt und über den Hardangerfjord die Verbindung nach Bergen schafft. Typisch fürs Setesdal: alte Blockhäuser und besonders die *staburer,* die uralten Vorratshäuser.

STAVANGER

(**A 11**) Die einen sagen, Stavanger (95000 Ew.) sei immer noch eine schöne Stadt. Andere meinen, das Öl habe sie kaputtgemacht. Was stimmt? Es gibt das alte Stavanger noch mit Dom vom Beginn des 12. Jhs., die Altstadt mit vielen Holzhäusern, vor 200 oder mehr Jahren gebaut — und vorwiegend weiß gestrichen. Natürlich, da sind auch die neuen Zweckbauten der Ölfirmen, da ankert vorm Hafen schon mal eine der vielen Bohrinseln, gibt es laute Matrosen, schrille Mädchen.

AUSKUNFT

Turistinformasjon
Övre Holmeg. 24, Tel. 51 89 50 02, Fax 51 89 50 01; Saison Mo—Fr 9—18, Sa und So 9—16 Uhr

ZIEL IN DER UMGEBUNG

Lysefjord
(**38 km plus Fähre**)   (**B 11**)
☀ Der südlichste der »richtigen« norwegischen Fjorde, eng, steile Berge, dabei der berühmte *Prekestolen* (Kanzel) mit senkrechten, fast 600 m hohen Felswänden. *Autofähre nach Tau, mit Wagen bis Jössang, dann 2 Std. zu Fuß. Sonst: Ausflugsboot von Stavanger*

Land der Fjorde, Fähren und Fische

Im Fjordland des Westens ist alles wie aus dem Reiseprospekt, nur schöner und aufregender

Filme sind teuer in Norwegen. Man muß genügend mitnehmen, besonders, wenn man nach Westen ins Fjordland fährt. Denn dort kann man einfach nicht widerstehen: Nach jeder Kurve, jeder Paßhöhe, jeder Fjordwindung wird man fast süchtig zur Kamera greifen. Das ist das Norwegen, wie man es aus Büchern und von Kalendern kennt! Da sind die vier großen Fjorde mit dem Hardanger im Süden, denen nach Norden Sognefjord, Nordfjord und Geirangerfjord folgen. Da ist Bergen, das Zentrum des Westlandes, da sind Ålesund, Molde und Kristiansund, alles bedeutende Häfen, Fischereihäfen zumal, denn vor den Fjorden beginnen die Fischgründe. Und zwischen den von den Gletschern der Eiszeit bis über 1000 m Wassertiefe ausgehobelten Fjordtälern klettern kühne Straßen in oft abenteuerlichen Kurven und Kehren steile Felswände hoch oder schlängeln

sich über einsame Hochplateaus, von denen manche auch im Sommer auf Skifahrer warten. Wo die Straßenbauer mit Brücke oder Tunnel nicht weiterkamen, liegt eine Fähre. Eine Entfernungsangabe »13 mil og tre færger« versteht jeder Norweger. Eine Meile hat hierzulande 10 km, und die Fährzeiten einschließlich Warten peilt man über den Daumen dazu.

BERGEN

(**A 10**) Die Leute von Bergen sind ein Schlag für sich. In vielen Gegenden Norwegens sagt man, sie seien elitär, hochnäsig, arrogant. Andere entschuldigen Bergens Sinn für Exklusivität mit dem ewigen Regen, da müsse man einfach »so« werden. Tatsächlich pladdert es hier, gießt, nieselt, nebelt oder regnet auch ganz normal und anhaltend ewig vor sich hin, tatsächlich also kommt in keiner anderen Stadt Norwegens so viel Wasser vom Himmel wie in Bergen: gut 2000 mm im Jahr. Oslo hat gerade 600. Der Grund ist einfach: Die wassertragenden Wolken können hier aus

Bergen ist die zweitgrößte Stadt Norwegens und seit Jahrhunderten »das« nordische Handelszentrum

41

Norden, Westen oder Süden kommen, an den Bergen rund um Bergen reißen sie sich die Bäuche auf und regnen ab. Was die Bergener aber nicht hindert, dennoch ein vergnügtes Völkchen zu sein. Wenn an Markttagen einmal die Sonne durchkommt, glaubt man sich auf dem ✝✣ Fisch-, Blumen- und Gemüsemarkt am Hafen in Italien, so bunt ist das, manchmal schon zu bunt und voll.

Die Stadt, 215 000 Einwohner und damit Nr. 2 des Landes, war lange Zeit die Nr. 1. Könige haben dort residiert, das *Hansische Kontor* in Bergen hat jahrhundertelang den Handel im Norden beherrscht und große Politik gemacht. Allerdings, es waren Ausländer, die an der *Tyske Bryggen* am Hafen regierten, die Stadt und halb Norwegen beherrschten, Deutsche meist. Ihre Handelshäuser sind zwar mehrfach abgebrannt, aber seit dem Mittelalter bis heute immer wieder im gleichen Grundriß aufgebaut worden, so blieben sie ein einzigartiges Dokument. — Wer an Werktagen mit dem Auto in die Stadt will, zahlt pro Fahrt 6 NOK *Bom* (Gebühr).

BESICHTIGUNGEN

Akvarium (Aquarium)
Eines der größten und besten Europas. Nicht nur heimische

MARCO POLO TIPS FÜR DEN WESTEN

1 Borgund Stavkirke (Stabkirche)
Die schönste der rund 30 Stabkirchen (Seite 48)

2 Tyske Bryggen (Deutsche Brücke)
Jahrhundertelang das bedeutendste Handelszentrum des Nordens in Bergen (Seite 43)

3 Geirangerfjord
Ballung von steilen Bergen, Wasserfällen und kühnen Straßen (Seite 46)

4 Hardangerfjord
Besonders schön die Straße direkt am Nordufer (Seite 45)

5 Sognefjord
Norwegens längster Fjord ist auch sein tiefster. Viele Wasserfälle in den Seitenfjorden (Seite 47)

6 Trollstigen
Eine Kette kühner Kehren in fast senkrechter Wand (Seite 46)

7 Vogelinsel Runde
Die südlichste der vielen Brutkolonien an Norwegens Küste (Seite 47)

8 Vestkapp-Stadlandet
Markante Erhebung auf der selten besuchten, sehr reizvollen Halbinsel Stadlandet (Seite 49)

9 Fisketorget (Fischmarkt)
Fisch, Blumen, Obst mit sehr viel fröhlicher Atmosphäre in Bergen (Seite 43)

Fische, auch Exoten, Seehunde. *Am Nordwestende des Hafens (Vågen), Sommer tgl. 9–20 Uhr, sonst kürzer, Eintritt 50, Kinder 20 NOK*

Bergenshus Festning (Bergenshus Festung)

Die Festung am Nordostufer des *Vågen* umfaßt auch die *Håkonshalle,* die 1944 durch eine Explosion schwer beschädigt, nach dem Krieg aber restauriert wurde. Sie dient heute als Festsaal. Außerdem gehört der *Rosenkrantztärn* (-turm) dazu, benannt nach dem Schloßhauptmann, der 1599 das Monopol der Hanse in Bergen brach und auch Norwegern wieder Handel erlaubte. *Sommer tgl. 10–16 Uhr, sonst kürzer, Eintritt 20, Kinder 5 NOK*

Domkirken (Dom)

Weder die älteste noch die schönste Kirche. *Övregt., Mo–Fr 11 bis 14 Uhr*

Fisketorget (Fischmarkt)

★ ⚡ ☺ Niemand wird einen Besuch des Fischmarktes auslassen! Er liegt ganz am Ende des *Vågen:* Fische frisch vom Kutter, aber auch Blumen, Obst, Gemüse, Souvenirs – sehr viel Atmosphäre. *Markt Mo–Fr 8–15 Uhr. Am Markt Abfahrt der Rundfahrtboote durch Hafen und Stadtfjorde*

Mariakirke (Marienkirche)

Begonnen 1140, prächtiger romanischer Bau, deutsche Kirche 1408–1776. Altar des Lübecker Schnitzers Bernd Notke um 1480. *Dreggen, Sommer Mo–Fr 11–16 Uhr, Eintritt 10 NOK*

Tyske Bryggen (Deutsche Brücke)

★ ⚡ Das alte Handelszentrum, das bis in die Hansezeit zurück-

Die »Tyske Bryggen«, das alte Handelszentrum Bergens, geht auf die Hansezeit zurück

reicht, an der Südostecke des Hafens *Vågen,* mit Einrichtungen aus verschiedenen Jahrhunderten. *Eintritt 20 NOK, Kinder frei.* Im *Finnegården* »Hanseatisches Museum«. *Sommer tgl. 9–17 Uhr, Eintritt 35 NOK, Kinder 20*

Das Kulturhistorisk Museum (Kulturhistorisches Museum) ist recht sehenswert und birgt alte Sakralkunst, auch aus Stabkirchen, historische Sammlungen und schöne Stücke norwegischer Rosenmalerei. *Sydneshaugen, Sommer tgl. außer Fr 11–16 Uhr, freier Eintritt*

Außerdem lohnend: *Rasmus Meyers Samlinger.* Eine der größten Privatsammlungen norwegischer Kunst und Möbel. *Rasmus Meyers Allé, Sommer Mo–Sa 11 bis*

16, So erst ab 12 Uhr, Eintritt 35 NOK. Bergen Billedgalleri (Städtisches Kunstmuseum). Werke norwegischer Maler, aber auch Picasso oder Klee. *Rasmus Meyers Allé, Sommer Mo—Sa 11—16, So 12—15 Uhr, sonst kürzer. Eintritt 10 NOK pro Sammlung.* Fiskerimuseum (Fischereimuseum) *im Haus des Vestlandske Kunstindustrimuseum* ganz neu gestaltet; alles über Geschichte und Methoden der Fischerei. *Am Bontelabo hinter der Håkonshalle, Mo—Fr 10—16, Sa, So 12—16 Uhr, Eintritt 20, Kinder 10 NOK*

Bryggen Tracteurstedt

Die Stätte, wo man im Bryggenareal traktiert, versorgt, wird, ist nicht Bergens bestes, aber urigstes Lokal. *Bryggen, Tel. 55 31 40 46, Kategorie 2.* Teurer im nahen *Bryggenstuen & Bryggeloftet, Bryggen, Tel. 55 31 40 46, Kategorie 1.* Auch alle großen und mittleren Hotels haben ansprechend geführte Restaurants, guten Fisch bekommt man in Bergen überall.

Der obligatorische *Husfliden-Laden* liegt in Bergen in *Vågsalmedingen 3.* Kunsthandwerk auch im *Backus, Nye Bryggen. Wallendahl, Strandgt. 17,* bietet Kunsthandwerk vom Hardanger.

Galleriet (Die Galerie)

✝ 60 Geschäfte sind unterm Glasdach von *Galleriet* versammelt, die lustig, bunt und amüsant ist. In der Saison besondere Märkte für Touristen und Musik. *Torgalmenningen*

Das Hotel *Admiral* liegt schön am Hafen (Zimmer zum Wasser bestellen!), ist aber zum Schluchzen teuer. *100 Zi., C. Sundtsgt. 9, Tel. 55 32 47 30, Fax 55 23 30 92, Kategorie 1.*

In ähnlicher Preisklasse und ähnlich gut: *SAS Royal, 273 Zi., Bryggen, Tel. 55 54 30 00, Fax 55 32 48 08; Reso Norge, 348 Zi., Ole Bulls pl. 4, Tel. 55 21 01 00, Fax 55 21 02 99, alle Kategorie 1.* Preiswerter, dennoch hoher Standard: *Bergen, 166 Zi., Håkonsgt. 2, Tel. 55 23 39 62, Fax 55 23 49 20; Victoria,* gepflegtes älteres Haus, *43 Zi., Kong Oscarsgt. 29, Tel. 55 31 50 30, Fax 55 32 81 78, beide Kategorie 2*

Informasjonssentrum

Bryggen, Tel. 55 32 14 80, Fax 55 32 14 64, Sommer Mo—Sa 8.30 bis 21, So 10—19 Uhr, sonst kürzer

Verkehrsverein

Slottgt. 1, Tel. 55 31 38 60

Flöyen (Aussichtsberg)   (A 10)

☀ Die Zahnradbahn bringt Sie aus dem Zentrum 314 m hoch. Hinreißender Blick über Stadt und Landschaft. Auch ebene Spazierwege. Bahn 30 NOK.

Gamle Bergen
(Alt-Bergen) (5 km)   (A 10)

In *Sandviken* (Sandbucht) am nordwestlichen Stadtrand 35 typische Stadthäuser, 18. und 19. Jh., gemeinsam wieder aufgebaut und zeitgerecht eingerichtet. Läden, Werkstätten, Wohnungen. *Sommer tgl. 11—19 Uhr, sonst kürzer, Winter geschl., Führungen stdl., Eintritt 30 NOK*

Hardangerfjord (B 10)

★ Auf der Straße 7 Richtung Osten erreichen Sie bei Norheimsund den Hardanger, geradezu Inbegriff norwegischer Fjordlandschaft. Die herrliche Strecke führt nördlich am Fjord entlang. Viele Fähren über den Fjord: Wenn Sie ein wenig Zeit haben und es gerade so um Pfingsten ist, nehmen Sie in *Kvanndal* (128 km) die Fähre nach *Utne,* und fahren Sie dann am Westufer des *Sörfjorden* nach Süden. Das ist ein bißchen mühsam, weil eng, aber dafür rollen Sie durch ein einziges Meer blühender Obstbäume, phantastisch! In *Odda* noch 15 km zugeben, damit Sie den *Låtefoss* nicht versäumen, einen der schönsten Wasserfälle Norwegens.

Troldhaugen (Griegs Villa)

In ihrem Haus (15 km) am östlichen Stadtrand, 1885 gebaut, lebten der Komponist Edvard Grieg und seine Frau Nina 22 Jahre. Die Einrichtung zeigt den Wohnstil nordischen Großbürgertums vor hundert Jahren. Im Garten der *Trollsaal* für Kammerkonzerte. *Mai—Sept. tgl. 10.30 bis 13.30, 14.30—17.30 Uhr, Eintritt 40, Kinder 20 NOK.* Weiter südlich auf *Lysöen Ole Bulls Villa,* ein phantastischer Landsitz des norwegisch-amerikanischen »Zaubergeigers« Ole Bull — Mantovani Anno 1875. Ein Alptraum! Aber interessant.

Ulriken (Panoramablick) (A 10)

☙ Noch schöner als vom Flöyen ist der Panoramablick vom 607m hohen Ulriken, dem Panoramaberg mit Aussicht auf die ganze Stadt. *Seilbahn ab Stadtrand Straße 14, Haukelandsv. Tgl. 9 bis 17 Uhr, einfache Fahrt 30 NOK*

ÅLESUND

(**B**8) Keine alte Stadt, dennoch Norwegens größter Fischerhafen: Ålesund, Zentrum des ganzen *Storfjord/Geiranger*-Gebietes, auf drei Inseln gelegen und von kaum zählbaren Inseln umgeben (zu vielen gibt es heute Brücken oder Tunnel).

Und es hat den ☙ *Aksla,* den Aussichtsberg mit Selbstbedienungsrestaurant über der Stadt. Da muß man einfach rauf! Zu Fuß über 418 Treppenstufen, mit dem Auto den Schildern *Fjellstua* nach. Bester Platz die Stahlplatte des alten Heeresbunkers an der Windfahne. Zu Füßen liegen Stadt und Hafen, Inseln, Sunde und Meer, im Hintergrund schneebedeckte Gipfel. Ein Traum! Die Stadt brannte 1904 fast völlig ab und wurde im Jugendstil wieder aufgebaut. Vieles ist erhalten, etwa das Hotel Inter Nor Scandinavie, einige Bürohäuser, die Apotheke und auch ein paar private Bauten. Auf jeden Fall: mehr als anderswo. Im *Fiskerhuset (hinter dem Apothekertorget)* gibt es ein *Aquarium,* dessen Leiter alle Fische selbst gefangen hat — als Sporttaucher und grundsätzlich nur im Hafen. *N. Strandgt., Mo—Sa 10—17, So 12—16 Uhr, Eintritt 20 NOK.* Sonst noch sehenswert: die Tunnel zu den Inseln *(Maut 48 NOK),* das *Ålesund Museum* auf dem *Östre Korshaug* ist sehr vielseitig. *Mo—Sa 11—15 Uhr, So eine Stunde später. Eintritt 20 NOK;*

Borgund Kirke (keine Stabkirche!) östlich der Stadt. Dicht dabei das *Sunnmöre-Museum:* alte Häuser, Fischerboote, nachgebaute Wikingerschiffe. *Sommer tgl. 11–16 Uhr, sonst kürzer, 25 NOK.* Hotels, sehr schön gelegen, mit Hafen-, Seeblick: *Rica Parken, 140 Zi., Storg. 16, Tel. 70 12 50 50, Fax 70 12 21 64; Hotel Inter Nor Scandinavie, 63 Zi.,* renoviert, in einem der schönen alten Jugendstilgebäude, *Lövenvoldg. 8, Tel. 70 12 31 31, Fax 70 12 23 70,* beide Kategorie 1. Information: *Reiselivslag Rådhuset, Tel. 70 12 12 02*

ZIELE IN DER UMGEBUNG

Geirangerfjord   (B 9)

★ Der »Blinddarm« des *Storfjorden,* der unterwegs oft seinen Namen wechselt, ist das Ziel aller Kreuzfahrtschiffe, die ihre Liegezeiten untereinander längst abstimmen müssen. Trotzdem schön! Entweder auf der Straße 60 (80 km von *Ålesund*) ⚫ hoch über dem Fjord bis *Hellesylt* fahren und von dort fürs letzte Stück die Minikreuzfahrt auf der Fähre ⚫ nach *Geiranger* machen.

Wenn man von Süden (*Grotli*) die 15 (früher 58) übers Gebirge (eine Urweltlandschaft, obwohl erst in der Eiszeit von Gletschern zugeschliffen) kommt, darf man nicht vergessen, den ⚫ ==Dalsnibba== (1450 m, Maut) hochzufahren; da liegt auch im Sommer viel Schnee, aber die Fahrspur ist ausgefräst und von jedem Wagen zu schaffen. Von oben ein Traumblick auf ==Geirangerfjord== und die umgebenden Berge.

Dritte Möglichkeit: Von *Ålesund* die E 39/E 136 (früher 9) bis *Åndalsnes* (122 km), 5 km nach Süden weiter auf der 9 und rechts einbiegen auf die 63, den ⚫ *Trollstigveien* aufwärts mit den imponierenden Serpentinen des ★ *Trollstigen* (für Gespanne nicht geeignet; häufig stundenlange Staus!), dann hinab nach *Valldal* (60 km), dem Erdbeerzentrum. Dicht dabei die Fähre von *Linge* nach *Eidsdal,* über die bildschöne 63 nach *Geiranger* (30 km), die in dramatischen Kehren mit unglaublichem Blick ⚫ die fast senkrechte Wand des *Örnevei* (Adlerweg, für Gespanne ungeeignet) zum Fjord hinabkriecht.

Kristiansund   (B 8)

Wegen der Verwechselungsgefahr mit Kristansand im Süden gern mit einem N (für Norden) versehen: Die Stadt liegt auf drei Inseln, durch Brücken und einen neuen Tunnel verbunden. Im Hafen ist immer Betrieb: Schiffe, Fähren, Fischkutter; Ausflugsmöglichkeiten auf die umliegenden Inseln, auf denen viele Steinzeitfunde gemacht worden sind. Die Stadt wurde im Krieg fast völlig zerstört.

Unter den neuen Bauten ist die zeltdachartige *Kirche* zu beachten mit knallgrünem Rasen darum und einem riesigen farbintensiven Glasgiebel. Für Seefeste bietet sich täglich ein Ausflug zur winzigen Fischerinsel ==Grip== draußen im offenen Meer an. Die kleine geteerte *Stabkirche* von 1480. Mehrfach war sie das einzige Gebäude auf Grip, das einen Orkan überstand; immer wieder gab es Opfer. Heute ist Grip im Winter verlassen. *In Kristiansund gibt es etliche Hotels verschiedener Preisklassen. Information: Tel. 71 67 39 77*

Molde (B 8)

⚓ Entweder von *Vestnes* oder *Vikebugt* an der E 39/136 (früher 9) (60 oder 80 km von *Ålesund*) mit der Fähre nach Molde über den *Romsdalsfjord,* wo am Südufer manchmal ein ganzer Pulk unbeschäftigter Supertanker auf bessere Zeiten wartet, oder über *Åndalsnes* und die 64: das bedingt zwei Fähren.

Molde (24 000 Ew.) ist die Stadt der Rosen und des Jazz. Das Jazzfestival im Juli hat internationalen Ruf. Der Wiederaufbau nach den Kriegszerstörungen ist gelungen, das Klima ist mild: Ibsen hat hier oft die Ferien verbracht, der Dichter Björnstjerne Björnsen ging in Molde zur Schule, Kollege Alexander Kielland war Bezirksamtmann.

⚓ Vom Hausberg *Varden* (kein Problem für Autos) bei klarer Luft schöner Fernblick auf 87 ganz genau gezählte beschneite Berggipfel. *Information: Tel. 71 25 20 60*

Romsdal (135 km) (B–C 9)

Wer vom Fjordland die leichtere Strecke nach Oslo fahren will, bleibt in *Åndalsnes* auf der E 136 (früher Straße 9) und erlebt auf den ersten 20 km die gewaltige Kulisse der *Trolltindane* (Trollzinnen) mit der 1000 m hohen, senkrechten *Trollveggen* (Wand), der gefürchteten Sprungschanze besonders tschechischer und französischer Gleitschirmflieger, von denen jedes Jahr etliche in der Wand hängen bleiben. Den versierten Piloten der Rettungshubschrauber ist die Bergung eigentlich verboten: lebensgefährlich. Aber sie fliegen doch, denn: »Wir können die Verrückten da oben nicht verrecken lassen!«

Vogelinsel Runde (40 km) (B 9)

★ Norwegens südlichste Vogelinsel *Runde* ist von Ålesund aus gut zu erreichen. Entweder mit Schnellboot vom Anleger *Skatteflua* nach *Hareid* auf der Insel *Hareidlandet*, von dort mit Bus über Inseln und Brücken nach *Runde*. Oder mit Auto die E 136 (früher 9) bis *Spjelkavik,* dann die E 39, die 60 und 656 bis *Sulesund* und Fähre nach *Hareid* und mit eigenem Wagen nach Runde bis zum Dörfchen *Goksöyr* (Parkplatz). 200 bis 300 Höhenmeter leichter Aufstieg zu den ⚓ Vogelfelsen. Naturschutzgebiet! In der Brutzeit (Feb. bis Mitte Juli) Absperrung streng beachten! Alke, Lummen, Möwen, vor allem Papageientaucher. Wichtig: Fernglas, feste Schuhe. Vom Hafen: Bootstouren.

SOGNEFJORD

(A–B 9–10) ★ Norwegens längster Fjord: 205 km. Und der tiefste: 1308 m wurden vor *Breivik* gemessen. Zum Meer hin sind es dann »nur« 100 bis 200 m. Auch der Sogne ist gewaltig – besser: überwältigend. Sie erreichen ihn von Bergen aus über die E 16 bis *Voss* (165 km), dann weiter diese Straße bis *Vinje* (21 km). Sie passieren dabei den *Tvindevoss* (Wasserfall), bei dem man einfach anhalten muß. In Vinje können Sie sich für die Straße durch *Myrkdalen* und *Bösdalen* ⚓ nach *Viksöyri* entschließen, oder Sie bleiben auf der E 16 und stürzen sich durchs *Nærödalen* nach *Gudvangen* am *Næröyfjord* hinab. Es folgen drei Stunden mit der Fähre – eine Minikreuzfahrt! – bis *Revsnes* (wenn Sie nach Oslo wollen) oder *Kaupanger* (wenn es nach

»Die 7 Schwestern«, berühmtester Wasserfall des Geirangerfjords

Norden gehen soll). Auf halber Höhe vor Gudvangen an der E 16 das berühmte *Hotel Stalheim, 120 Zi., Tel. 56 52 01 22, Fax 56 52 00 56, Kategorie 1.* Eines der alten *Höyfjell-* oder *Fjordhoteller,* die hundertjährigen mit dem kunstvollen Gebälk an den Giebeln, sollten Sie sich ansehen. »Schweizerstil« nennen das Architekten, unbedingt sehenswert sind allein schon die liebevoll gepflegten riesigen Speisesäle.

ZIELE IN DER UMGEBUNG

Balestrand (B 9)
Der bekannteste Touristenort am Sognefjord (Nordufer) hat viele Hotels und gute Verkehrsverbindungen. *Touristinformation am Kai, Tel. 57 69 12 55*

Borgund Stavkirke (B 10)
★ Sie gilt als die besterhaltene und die am reichsten geschnitzte, vom Wikingerstil beeinflußt. Seit 1150 kaum verändert, gehört sie zu *den* touristischen Highlights des Landes. Stehen einmal zu viele Busse davor, erst weiterfahren auf der E 16 in Richtung Fagernes bis *Öye* und *Hurum,* die kleineren Stabkirchen dort sind kaum besucht. In der Mittagszeit ist es in *Borgund* am günstigsten.

Kaupanger / Sogndal (B 9)
Von hier steigt (außer von Fagernes) die zweite Straße ins wilde *Jotunheimen* hinauf. Gute Übernachtungsmöglichkeiten. Die Stabkirche von 1185 ist leider später umgebaut und stark re-

stauriert. Im *Sogn Folkemuseum,* einem großen modernen Bau zwischen *Kaupanger* und *Sogndal,* sind die Exponate großzügig und hervorragend gestellt. So bekommt man einen ausgezeichneten Überblick, wie die alten Norweger lebten. Die rekonstruierten Häuser auf dem Museumsgelände sind teils erst im Aufbau. *Sommer So 12—18, sonst 10—18 Uhr, Eintritt 30 NOK*

Nordfjord (B 9)

Zum Nordfjord gelangen Sie am besten vom Sognefjord aus über die Reichsstraßen 5 und 1 (früher 14). Dabei haben Sie Norwegens größten Gletscher *Jostedalsbreen* im Osten.

VESTKAPP
STADLANDET

(A 9) ★ ◥◢ Die Halbinsel nördlich *Måløy* ist nicht nur die große Wetterscheide zwischen Nord und Süd, hier verbirgt sich auch eine kaum aufgesuchte Bilderbuchlandschaft mit vergessenen winzigen Friedhöfen an sturmumtobten Buchten, wilden Serpentinenstrecken, stillen Wäldern und dem, was die Norweger *Vestkapp* nennen, fast 500 m hoch, der Weg nicht immer leicht befahrbar, aber die Aussicht jede Mühe wert.

VIDESETER/
STRYNEFJELLET

(B 9) Wenn Sie schon in *Geiranger* oder sogar zum *Dalsnibba* hinauf gefahren sind, liegt Ihnen ein unvergeßliches Erlebnis sozusagen vor der Windschutzscheibe: Wo Sie vom Dalsnibba herabkommen und bei der ◥◢*Djupvasshytta* (1000 m) auf die Straße 63 treffen, ein paar km *Richtung Grotli* fahren, bis Sie die Straße 15 erreichen, wo es nach rechts in die neuen Tunnel abgeht. Dort oben fahren Sie im Winter los und kommen am Tunnelende im Frühling heraus! Sie werden anhalten und die Aussicht genießen, aber Sie können von hier auch noch einmal zurück in den tiefen Winter! Links ab und die Serpentinen zum ◥◢ *Sommerskizentrum Videseter* hinauf. Da halten Sie von selber. Wenn es Ihnen zu kalt ist, in der *Hütte* gibt es Kaffee und auch etwas zu essen und Betten, *Kategorie 3.* Gleich nach Videseter haben Sie rechts den ersten Lift, sehen die ersten Abfahrer. ◥◢ Hier beginnt einer der großartigsten, dramatischsten Straßenabschnitte Norwegens, Schotterpiste, Kehren und Kurven, aber gefahrlos zu passieren, oft einspurig in den Schnee gefräst, aber es gibt genug Ausweichstellen. Man trifft auch Wohnmobile. Gespannfahrer lassen den Hänger besser an der Straße 15 stehen. Sie sind jetzt oben auf dem Bergmassiv von *Strynefjellet,* einer Steinwüste. Sie fahren am See *Langevatnet* entlang, der teils noch wildes Packeis aufgetürmt hat. Dahinter Berge bis fast 2000 m, Gletscher *(Tystigbreen, Skridulaupbreen)* wie zum Anfassen, Wasserfälle. Zweimal steigt die Straße auf 1139 m. 65 km sind es von *Videseter.* Drei Stunden wie in einer anderen Welt. Dann wieder Asphalt: nach Osten Richtung *Lom,* nach Westen über die 15 und 63 zurück nach *Geiranger.*

Hier werden noch Könige gesalbt

Trondheim, die alte Stadt der norwegischen Könige, blieb bis in unsere Zeit die Stätte feierlicher Inthronisation

Hier weht schon ein Hauch von Polarkreis von den Bergen. Zwar versinkt die Sonne auch im Juni hinter dem Horizont, aber dunkel wird es im Hochsommer nicht mehr.

TRONDHEIM

(**C8**) Trondheim, mit 140 000 Einwohnern drittgrößte Stadt des Landes, ist die nördlichste Großstadt Norwegens. Sie ist eine alte und junge Stadt – nur scheinbar ein Widerspruch. Alt, weil hier schon vor dem Jahr 1000 ein Königssitz war, später die Könige hier eine Zeitlang gekrönt wurden und noch heute – nachdem die Krönungszeremonie abgeschafft wurde – »gesalbt« und gesegnet werden. Jung, weil Trondheim eine blühende Handels- und Industriestadt ist, Universitätssitz obendrein, weil die Stadt von Jahr zu Jahr moderner, großzügiger wird, immer mehr junge Menschen

Der Nidarosdom: seit Jahrhunderten Pilgerort und Inthronisierungsstätte norwegischer Könige

sich hier zusammenfinden. Dennoch blieb viel Überkommenes erhalten. Fahrten mit dem Auto in die City: *11 NOK Maut.*

BESICHTIGUNGEN

Fiskehallen (Fischhalle)
Die muß man gesehen haben! Nicht sehr groß, aber jede Art von Frischfisch und alles blitzsauber. *Hafenende der Munkegt.*

Munkholmen
Bis zu einem Brand stand auf der Insel *Munkholmen* im *Trondheimfjord* ein Benediktinerkloster, das dann nicht wieder aufgebaut worden ist. Bevor die Mönche kamen, war die Insel Richtstätte. 1658 baute man die Klosterruinen zu Festung und Gefängnis um. Munkholmen ist heute ein beliebter Badeplatz. *Sommer stdl. oder öfter Boot von Ravnkloa an der Fischhalle*

Nidarosdom
★ ✪ Wer über Trondheim schreibt, darf den *Nidarosdom* nicht vergessen. *Nidaros,* der alte Name für Trondheim, den Platz am Nidelv-Fluß, blieb bis auf

den heutigen Tag Pilgerstätte und Inthronisierungskirche norwegischer Könige. Olav der Heilige wurde von der Kirche zum Märtyrer und »Norwegens ewigem König« erklärt: An der Stelle, wo man 1031 den Leichnam des in der Schlacht gefallenen Königs fand, entsprang später eine heilige Quelle, heißt es, über der man vom Jahr 1152 an den Nidarosdom erbaute. Jahrhundertelang wurde geplant, umgebaut, erweitert, ergänzt, nach vielen Bränden repariert, ehe der Dom seine heutige Gestalt annahm. Normannische Einflüsse sind unverkennbar. *Informationsschriften am Eingang. Geöffnet Sommer Mo−Fr 9−17.30, Sa 9−14, So 13−16 Uhr, sonst kürzer, ebenso vom 22. Juli−6. Aug. wegen St.-Olavs-Festival. Eintritt 12, Kinder 6 NOK*

Stiftsgården (Stiftshof)

Das größte Holzpalais des Nordens, freundlich gelb gestrichen, wurde um 1775 als privates Rokokopalais errichtet. Heute ist es Königsresidenz bei Haralds Besuchen in Trondheim. Sonst frei zu sehr lohnenden Besichtigungen. *Munkgt., Sommer Führungen alle 60 Min., Mo−Sa 10−17 Uhr, Eintritt 30, Kinder 10 NOK*

Tyholt Tårnet (Fernsehturm)

Berühmt für ihre Aussicht ist die 120 m hohe Plattform. Auf 80 m Höhe das rotierende *Restaurant Galagsen,* gute Küche. *Otto Nielsenv. 4, Kategorie 1*

MUSEEN

Nordenfjeldske Kunstindustrimuseum

Große Sammlungen von Porzellan, Keramik, Glas aus den letzten drei Jahrhunderten. Dazu Möbel und Textilien. Japanische Abteilung. Wechselausstellungen. *Munkgt. 5, Sommer Mo−Sa 10−18, So 12−17 Uhr, sonst kürzer, Eintritt 25, Kinder 10 NOK*

Ringve Museum (Musikhistorisches Museum)

★ Allein seinetwegen sollte man nach Trondheim! Es liegt wunderschön im Ringve-Herrenhof am östlichen Stadtrand, von einem großen Park mit botanischem Garten umgeben. 2000 Musikinstrumente von der echten Amati-Geige über Chopins Flügel bis zu lateinamerikanischen Folkloreinstrumenten. Musikstudenten führen kleine (obligatorische) Gruppen und demonstrieren viele Instrumente. *Im östlichen Stadtteil Lade, Sommer Führungen 12−17 Uhr, sonst seltener. Eintritt 50, Kinder 20 NOK*

Sjöfartsmuseum (Seefahrtsmuseum)

Klein, »niedlich« das Sklavenhaus von 1725. *Fjordgt. 1, So 12−15, Mo bis Sa 9−15 Uhr, Eintritt 10 NOK*

Tröndelag Folkemuseum (Freilichtmuseum)

Straße 707 nach Westen bis *Sverresborg.* 60 Gebäude, von der Haltdalenstabkirche und Patrizierhäusern bis hin zu Bauernhöfen, bewirtschaftetem Wirtshaus von 1740 und einem *Rorbu* (Fischerhütte). Samen-Abteilung. *Straße 707, Bus 8 und 9, Mai bis Aug. tgl. 11−18 Uhr, Eintritt 35, Kinder 15 NOK, Familienkarte 85*

Trondheims Kunstforening (Kunstverein)

Norwegische Kunst vom 19. Jh. bis in die Gegenwart. *Bispegt. 7 B,*

MARCO POLO TIPS FÜR TRÖNDELAG

1 Nidarosdom
Im Dom zu Trondheim werden Norwegens Könige »gesegnet«. Der Dom aus dem Jahre 1152 ist Skandinaviens größte Kirche (Seite 51)

2 Ringve Museum
Das Musikhistorische Museum auf dem alten Herrensitz Ringve bei Trondheim ist eine Kostbarkeit — auch für nicht an Musik Interessierte (Seite 52)

3 Röros
Seit Jahrhunderten wurde in Röros Kupfer gefördert und verhüttet. Der ganze Ort wirkt wie ein Museum (Seite 55)

4 Tron (Aussichtsberg)
Durch alle Vegetationsschichten des Landes führt die Auffahrt zum Aussichtsberg Tron (1665 m). Ein atemberaubender Ausblick erwartet Sie (Seite 55)

Sommer tgl. 11–16 Uhr, sonst kürzer, Eintritt 15 NOK

Universitet (Museum der Wissenschaftlichen Gesellschaft)
Gegründet 1760, viele bedeutende Sammlungen, darunter Samen- und Eskimoabteilung. *Erling Skakkesgt. 47, Sommer Mo–Sa 10–18, So 12–17 Uhr, sonst kürzer, Eintritt 25, Kinder 10 NOK*

RESTAURANTS

Neben *Galagsen im Tyholt Tårnet, Otto Nielsensv. 4,* ist Palmehavet (Palmengarten) ein erstklassiges Restaurant im *Hotel Britannia,* teuer, aber mit Stil, *Dronningensgt. 5. Prins Olav Grill* gut und teuer im *Glaspalast des Royal Garden Hotel, Kjöpmansgt. 73.* Dort auch in der lichten Halle Café und kleine Gerichte. *Bryggen, Övre Backlandet 66,* Feinschmeckerlokal, besonders Fisch und Ren, urig eingerichtet in einem alten Speicher am Nidelv. *Prinsen, Kongensgt. 30. Alle Kategorie 1.* Preiswerter: *Dik-*

kens, Kjöpmansgt. 57, in altem Speicher am Fluß. *Bistro La Scala, Bakke Bro* (auch am Fluß), neu und großzügig. *Beide Kategorie 2.* Günstig: *Nörönna, Thomas Angellsgt. 20* (Selbstbedienung), *Egon, Thomas Angellsgt. 8. Beide Kategorie 3*

EINKAUFEN

Husfliden: Prinsengt. 34. Das übliche gute Angebot: Strickwaren, Textilien, Holzarbeiten. Ebenso bei *Arne Rönning, Nordregt. 10*

HOTELS

Inter Nor Britannia
Um 1900 gebaut, Haus mit Tradition, von der viel erhalten blieb. Zimmer modernisiert. Flair: das *Palmehavet-Restaurant,* fast wie von 1900. *150 Zi., Dronningensgt. 5, Tel. 73 53 53 53, Fax 73 51 29 00, Kategorie 1*

Royal Garden
Größtes und teuerstes Hotel am Nidelv, ganz modern mit viel

Die alten Speicher am Nidelv

Glas, Café in der Halle. Den benachbarten Speichern angepaßt. Friseur, Sauna, Pool. *370 Zi., Kjöpmansgt. 73, Tel. 73 52 11 00, Fax 73 53 17 66, Kategorie 1*

Preiswerter das angenehme Familienhotel *Ambassadeur, 45 Zi., Elvegt. 18, Tel. 73 52 70 50, Fax 73 52 70 52.* Das *Augustin* bietet viel für seinen Preis. *55 Zi., Kongensgt. 26, Tel. 73 52 80 00, Fax 73 51 55 01. Munken: klein, aber recht gut geführt. 20 Zi., Kongensgt. 44, Tel. 73 53 45 40, Fax 73 53 42 60, alle Kategorie 2. Nye Sentrum:* für seinen Preis überraschend im Service. *40 Zi., Lilletorv, Tel. 73 52 05 24.*

AUSKUNFT

Turistinformasjon
Am *Torget* (Markt), *73 92 93 94, Fax 73 51 53 00. Juni–Aug. Mo–Sa 8.30–20, So 10–20, sonst bis 16 Uhr. Juni–Aug. tgl. Stadtrundfahrt (Bus), 12 Uhr, Dauer 2 Std., Erw. 60, Ki. 30 NOK.* Gleich ist der Preis für die *Hafenrundfahrt (Juni–Sept.) tgl. außer Mo 15 Uhr ab Ravnkloa. Maut für die Stadt: 10 NOK.*

ZIELE IN DER UMGEBUNG

Hell (**37 km**)   (**C 8**)
Von Trondheim in Richtung Norden auf der E 6 bei Hell, dem Umsteigebahnhof zur schwedischen Grenze (Straße nach Storlien), liegen bei *Stinmohaugen helleristninger* (Felszeichnungen) aus dem 3. Jh. v. Chr.

Steinkjer (**125 km**)   (**D 7**)
Sehr alte Stadt, aber der Tourist sieht vorwiegend Industrie. Der Städtename ist für Nichtnorweger kaum auszusprechen: so etwa wie Stentscher. Aber im Garten des angenehmen Hotels *Tingvold Park, 50 Zi., Tel. 74 16 11 00, Fax 74 16 11 17, Kategorie 2,* die längste Steinsetzung des Landes. In der Umgebung viele Felszeichnungen: in *Bardal,* 11 km westlich, Zeichnungen aus

der Steinzeit (Ren, Elche, Menschen) und aus der Bronzezeit (besonders Schiffe).

Berühmteste Felszeichnung Norwegens bei *Böla*, 20 km nordöstlich der Stadt. Fahren Sie erst die 762, dann die 763 durch liebliche Landschaft; man verfährt sich leicht. Das Hinweisschild *Reinen ved Böla* an der Straße ist klein und wird oft übersehen. Wenige hundert Meter zu Fuß durch den Wald, romantisch an kleinem Wasserfall die 6000 Jahre alten lebensgroßen Ritzzeichnungen. Oft ist man dort allein – und überrascht, wenn zehn Meter hinter einem plötzlich die Nordlandbahn vorbeidonnert.

RÖROS

(**D 8**) ★ Die ganze Stadt ist ein Museum. Vieles blieb so erhalten, wie es zu Zeiten war, als der Kupferbergbau in Blüte stand – vor 200 Jahren.

BESICHTIGUNGEN

In der Altstadt zwischen Bahnhof und Kirche *Kjerkgata* und *Bergmannsgata* mit vielen historischen Gebäuden, so dem *Bergskrivergården* mit Werkskontor, der Direktorenwohnung und *Proviantskrivergården* (heute das Rathaus). Hier stehen 50 Gebäude unter Denkmalschutz. In der *Röros Kirke* (sie ist das einzige Steingebäude in der hölzernen Stadt) ist ein Porträt von Hans Aasen, der das erste Erz fand. Seine Familie bewohnt heute in der 12. Generation den *Aasengården*. *Führungen durch die Stadt 1. Juli bis 15. Aug. tgl. 11–16.30 Uhr, Start am Turistkontor*

MUSEEN

Christianus Quintus gruve (Alte Erzgrube)
Anmeldung im Turistkontor Ekke Kjerkgata. *Nur im Sommer tgl. 10, 12, 15 Uhr, Eintritt 35 NOK*

Rammsgården
Liegt in der Kjerkgata, ist originalgetreu eingerichtet wie ein Wirtshaus von 1857. Restaurant! *Tgl. mit wechselnden Öffnungszeiten*

Rörosmuseet
Das Museum liegt am Falkbergetsvei Richtung Trondheim und gibt einen guten Eindruck vom Leben der Bergleute, der Bergbauern und Bergsamen. *Tgl. außer Mo, Zeiten wechselnd, im Turistkontor Ecke Kjerkgt. erfragen*

HOTELS

Bergstadens Hotel
Gemütliches Haus. *75 Zi., Oslov. 2, Tel. 72 41 11 11, Fax 72 41 01 55, Kategorie 1*

Inter Nor Hotel Röros
Modernes Touristenhotel. *120 Zi., An-Magrittsv., Tel. 72 41 10 11, Fax 72 41 00 22, Kategorie 1*

AUSKUNFT

Turistkontor
An der Ecke *Falkbergetsv./Kjerkgt., Tel. 72 41 11 65*

ZIEL IN DER UMGEBUNG

Tron (**Aussichtsberg**)   (**C 9**)
★ ✲ 80 km südwestlich von Röros (1666 m). Grandioser Blick über *Österdalen*, zu den *Rendalssöln, Femundsberget, Alvdalssöln, Dovre* und *Rondane*.

Rauh,
aber herzlich

Das Nordland liegt noch weit vom ewigen Eis entfernt, für
Südnorweger aber schon hinterm Nordpol

Viel Auswahl bleibt einem nicht, wenn man von Trondheim aus nach Norden will. Hier hat Norwegen nur eine einzige Fernstraße zu bieten, die E 6, wenn man von den kleinen Schlenkern in die Küstenregion einmal absieht. Noch ist die Landschaft lieblich, aber das ändert sich. Die Straße begleitet den Lachsfluß *Namsen,* hinter der Bahnstation von *Smalåsen* wird die Grenze zum *fylke* (Bezirk) *Nordland* gekreuzt. Nordland, das klingt nach »Schwertgeklirr und Wogenprall« und nach Wikingerblut. Gut, von hier unter anderem sind die Wikinger aufgebrochen, Island zu besiedeln, aber bis zum richtig »Hohen Norden« müssen wir noch eine Menge Kilometer hinter uns bringen: Von der Bezirksgrenze bei *Smalåsen* bis zum *Polarsirkel* (Polarkreis) auf 66 Grad, 33 Minuten Nord (korrekt schreibt man das 66°33') immerhin noch 250 km, aber bis *Bodö,* dem Herzen Nordlands, sind es dann noch einmal 180 km und bis zum Erzhafen *Narvik,* der auch noch zu Nordland gehört, satte 210 km. Erst dahinter beginnt das *fylke,* der Bezirk, *Troms,* und im nördlichen Anschluß daran die *Finnmark.* Nur der Ordnung halber mal ganz schnell in Erinnerung gerufen: Von der südlichen Grenze von Nordland bis zur russischen Grenze bei *Kirkenes* bekommt man gut 1600 km auf den Tacho! Der *Nordnorgebuss,* der Überlandbus, der in *Fauske,* wo die Nordlandbahn zum Hafen Bodö nach Westen abknickt, mit dem Ziel *Kirkenes* startet, und das jeden Tag um 11.30 Uhr, braucht für die Strecke drei Tage mit zwei Übernachtungen. Und die Jungs im Cockpit der Überlandbusse sind nicht die zartesten Gemüter! Sonst aber sind die Leute hier eher freundlicher als im Süden, obwohl sie aus Osloer Sicht doch »hinter dem Nordpol« leben.

Nordland reicht für mehr als einen Urlaub. Dramatisch die Küstenstrecke, die der Postdampfer der Hurtigruten fährt, von schier unendlicher Einsamkeit die Geröllwüste des *Saltfjells*

Auch im rauhen Norden sind die Gärten voller Blumen

MARCO POLO TIPS FÜR NORDLAND

1 Kjerringøy
Auf der Halbinsel nördlich von Bodö läßt Knut Hamsun zwei seiner Romane spielen. Der alte Handelsplatz gleichen Namens ist gut erhalten (Seite 61)

2 Saltstraumen
Der stärkste Gezeitenstrom Norwegens wird dicht bei Bodö mit unvorstellbarer Gewalt in den Fjord gepreßt (Seite 62)

3 Svartisen
Kein anderer Gletscher Norwegens ist so leicht zu erreichen wie Svartisen, »Das schwarze Eis«, nicht weit von der E 6 (Seite 62)

4 Træna
Ein echter Geheimtip! Die Inselgruppe genau auf dem Polarkreis ist etwas umständlich zu erreichen, lohnt aber jede Mühe (Seite 62)

dort, wo E 6 und Nordlandbahn den Polarkreis queren. Und dann die Strecke von *Fauske* nach *Narvik,* die viele Norweger für den schönsten Straßenabschnitt ihres langen Landes halten. Da mag es Streit geben, aber die Leute sind nicht leicht zu widerlegen. Und richtig, die *Lofoten* gehören natürlich auch noch zu Nordland! Aber die sind so einmalig, daß sie ihr eigenes Kapitel in diesem MARCO POLO Reiseführer bekommen.

BODÖ

(**B 4**) Über der Stadt liegt immer ein bißchen Goldgräberstimmung. Bodö, das im Krieg erst aus ganzen 760 Häusern bestand — und von denen gingen die meisten auch noch in Flammen auf —, ist stets eine junge Stadt gewesen. Immer im Aufbruch, immer auf dem Sprung, etwas zu werden. Heute ist sie nun etwas: nicht von Schönheit bedrängt, auf dem Reißbrett entworfen, mit Anflügen von »Wolkenkratzern«, einem futuristischen Flughafen — eine Wiedergutmachung an der Langmut, mit der Passagiere und die 35 000 Bodöer die Trostlosigkeit des alten ertragen haben —, guten Einkaufsmöglichkeiten und der »größten Roßkastanie nördlich des Polarkreises«. Wer lacht, ist gemein: Denn in diesem Klima, im Herbst Sturm auf Sturm und noch mal Sturm und immer Salz in der Luft, da will es schon etwas heißen, als Roßkastanie nicht nur exakt gemessene 8,60 m hoch, sondern auch fast 60 Jahre alt zu werden. Die Startbahn des Flughafens, Luftkreuz des Nordens und Militärbasis in einem (fotografieren Sie nicht aus der landenden Maschine!), die Startbahn also verläuft parallel zur Hauptstraße und nicht weit davon. Der Lärm ist infernalisch. »Einziges Mittel ist: Nicht hinhören!« sagt Anne Holm, eine der beiden Frauen im harten Gewerbe des norwegischen See- und Luftrettungsdienstes. Der hat sein Hauptquartier direkt am alten Hurtigrutenkai neben der Polizei. Aktionsgebiet bis ins ewige Eis.

Bodö ist Verkehrsknotenpunkt. Hier landen die Maschinen aus Oslo, Stavanger, Bergen, Trondheim und aus dem Norden des Landes. Hier beginnen die vielen Lokalrouten zu den Inseln. Hier legt zweimal am Tag die Hurtigrute an, nord- und südgehend. Hier beginnen Fähr- und Schnellbootlinien nach Nord, West und Süd. Im Sommer quillt die *Storgata,* die Große Straße, über von jungen Leuten, Rucksacktouristen, Einheimische dazwischen, die zum Einkaufen von den Inseln herüberfliegen, auch von einigen Herrschaften gesetzten Alters, die sich per Busrundreise die teuren Hotels und eher noch teureren Restaurants leisten können. Um das sommerliche Bodö schön zu finden, muß man einmal an einem Märzsonntag über die *Storgata* gegangen sein, Sonntag high noon. Dann sind unter bleigrauem Himmel drei Väter mit drei Kindern, begraben unter Decken und Kapuzen in kissengestopften Babywagen, von den Müttern zum Auslüften

vor die Tür geschickt, alles, was sich auf der Straße bewegt. Aber die Väter haben es gut! Die können sich an den Kinderwagen festhalten, während dem arglosen Reisenden der heulende Südwestwind vom Hafen her schlicht die Beine unterm Allerwertesten wegbläst. Streuen? Aber nicht doch! Hierzulande geht man routiniert auf blankem Eis oder frischem Schnee, der sich dann auch wieder schnell zu Eis tritt. Jetzt gibt es Pläne, die ganze Storgata zu überglasen, um auch im langen Winter eine Bummelmeile zu schaffen.

BESICHTIGUNGEN

So viel ist da nicht, die Highlights liegen in der Umgebung. Immerhin: Der *Hurtigrutenkai,* Abfahrt nordwärts 15 Uhr, südwärts nachts, wo auch die Nordlandbahn endet, und der *Fischereihafen* sind immer einen Besuch wert. Ein Sundowner in der *Panoramabar im 13. Stock vom SAS-Hotel* lohnt sich trotz Fülle und Hitze wegen des Blicks. Und dann der Aussichtsplatz *Rönvikfjellet* am nördlichen Ende der Stadt. Da oben gibt es einen kleinen Vergnügungspark, ein erträgliches Restaurant und bei klarem Wetter eine Fernsicht bis zu den Lofoten, vorbei

---

Die Marco Polo Bitte

Marco Polo war der erste Weltreisende. Er reiste in friedlicher Absicht, verband Ost und West. Er wollte die Welt entdecken, fremde Kulturen kennenlernen, nicht zerstören. Könnte er für uns Reisende des 20. Jahrhunderts nicht Vorbild sein? Aufgeschlossen und friedlich sollte unsere Haltung auf Reisen sein. Dazu gehören auch Respekt vor Mensch und Tier und die Bewahrung der Umwelt.

WWF

an der breit hingelagerten Insel *Landego,* Norwegens für Seeleute bekannteste *Landmarke.* Wenn dann noch die Mitternachtssonne scheint – traumhaft!

MUSEUM

Nordlandmuseum

Früher stand eines der großen Lofot-Boote vor dem Museum. Es hat heute seinen Platz im Fremdenverkehrsbüro am Hafen (man sieht es schon von der Storgata). Allein seinetwegen sollte man dort hingehen – um zu staunen, mit welch gebrechlichen Booten die Nordmänner noch vor hundert Jahren zum Fischen gefahren sind und allerdings auch zu Tausenden nicht heimkehrten. Innen im Museum ist alles geblieben, was man über Fischerei erfahren kann, von der Steinzeit bis heute. Dazu Ausgrabungen aus der Steinzeit, eine Wikingerabteilung und, ein Kuriosum, die Sammlung des Italieners Quirini, der 1431 von Kreta nach Flandern segeln wollte – und in Bodö ankam! *Sommer tgl. 10–18 Uhr, sonst kürzer, Prinsensgt. 6, Eintritt 20 NOK*

RESTAURANTS

Restaurant im Hotel Diplomat

Direkt am Wasser mit Aussicht auf Hafen und vorgelagerte Inseln. Gute Fischgerichte. *Sjögt. 23, Tel. 75 52 70 00, Kategorie 1*

Restaurant im SAS-Hotel

Aussicht auf den Fischereihafen. Große Nichtraucherabteilung. Internationale Küche mit entsprechenden Preisen. *Storgt. 2, Tel. 75 52 41 00, Kategorie 1.* Etwas preiswerter ist die *Cafeteria Ba-guett'n* im SAS-Hotel (mit Selbstbedienung), *Kategorie 2,* ebenso der *Blix-Paviljongen, Sjögt. 25, Tel. 75 52 56 07,* wie das *Centrum, Storgt. 39, Tel. 75 52 48 88; Lövold's Kafeteria* ist besonders günstig, große Portionen, *Tollbugt., Tel. 75 52 02 61, alle Kategorie 3*

EINKAUFEN

Am besten in den Geschäften der *Storgata,* wo man alles bekommt. *Husfliden* ist natürlich auch vertreten!

HOTELS

Bodö

Kleineres, aber anspruchsvolles Haus mit angemessenen Preisen. *25 Zi., Professor Schyttersgt. 5, Tel. 75 52 69 00, Fax 75 52 57 78, Kategorie 1–2*

Central

Auch gut, preisgünstig! Zentral gelegen. *40 Zi., Professor Schyttersgt. 6, Tel. 75 52 40 00, Fax 75 52 42 66, Kategorie 2*

Grand

Mittelklassehotel mit teils zivilen Preisen, das älteste Haus der Stadt, aber mehrfach modernisiert. *50 Zi., Storgt. 3, Tel. 75 52 00 00, Fax 75 52 27 09, Kategorie 1–2*

Inter Nor Diplomat

Neues Haus am Handelshafen. Zimmer mit sehr schönem Ausblick (Fjordseite buchen!). *95 Zi., Sjögt. 23, Tel. 75 52 70 00, Fax 75 52 24 60, Kategorie 1*

Radisson SAS Hotel Bodö

Das Zentrum Bodös mit Restaurants, Einkaufsmöglichkeiten.

In der 🔥 *Panoramabar* trifft sich gegen Abend Bodös »Jeunesse dorée«. Die Bar ist laut und verraucht, aber die Aussicht entschädigt für alles! *160 Zi., Storgt. 2, Tel. 75 52 41 00, Fax 75 52 74 93, Kategorie 1*

SPIEL UND SPORT

Angeln
Angeln im Meer am besten am *Saltsraumen* oder im Hafen einen Kleinfischer beschwatzen, ob er eine Fischtour mit einem macht. Aber: Nicht mit gewaltiger Ausrüstung prunken. Norweger angeln (vom Boot) mit der Schnur in der Hand! Alles andere imponiert hier überhaupt nicht.

AUSKUNFT

Turistinformasjon
Besonders hilfsbereit und bemüht. *Sjögt. 21, Tel. 75 52 12 40*

ZIELE IN DER UMGEBUNG

Bodin kirke (Kirche) (3 km)   (B 4)
Mittelalterliche Steinkirche, 3 km östlich der Stadt. Altartafeln Barock. *Sommer tgl. 10—20 Uhr*

Kjerringöy (40 km)   (B 4)
★ Halbinsel im *Vestfjord,* nördlich von Bodö. Hier ist der alte Handelsplatz gleichen Namens als Museum erhalten geblieben. Ein Stützpunkt der Zivilisation und des Reichtums in diesem bettelarmen Land. Der Dichter Knut Hamsun hat dem Handelsherrn Erasmus Zahl, der ihn unterstützte, in seinen Büchern »Pan« und »Bononi« ein Denkmal gesetzt. Er nannte den Platz dort *Sirilund. Führungen im Sommer tgl. 11, 13, 15.30 Uhr, Eintritt 30, Kinder 15 NOK.* — Auf der weiter nördlich gelegenen Halbinsel *Hamaröy* (in *Ulsvåg* von der E 6 westlich Richtung Lofotfähre in

---

Hochgebirgsstraßen und Fahren im Winter

Wer im Winter nach Norwegen mit dem Auto fährt, braucht mindestens M + S-Reifen, möglichst auch Schneeketten für alle vier Räder. Norweger sind es gewohnt, auf Eis und Schnee zu fahren, zudem sind bei ihnen Spikesreifen nach wie vor erlaubt. Vorsicht in der Kolonne! Ihr Vordermann hat wahrscheinlich einen kürzeren Bremsweg als Sie. Manche Hochgebirgsstraßen werden im Winter jedoch trotz bester Ausrüstung unpassierbar. Sperrungen gibt es u.a.: Straße 13: *Gaularfjellet* Ende Jan.—Ende April; 51: *Valdresflya* Ende Nov.—Mitte Mai; 55: *Sognefjellsvegen* Mitte Nov.—Juni; 63 (bisher 58): *Geiranger* Anf. Dez.—Mitte Mai; 63: *Trollstigen* Okt.—Mitte Mai; E 69 (bisher 95): *Nordkapstraße,* Mitte Nov.—Ende Mai; 98: *Ifjordfjell,* Ende Nov.—Mitte Mai; 27 (bisher 22 C): *Ringebu—Enden* Mitte Jan.—März; 252: *Tyin—Eidsbugarden* Ende Okt.—Mitte Juni; 258: *Gml. Strynefjellsvegen* Mitte Sept.—Mitte Juni; 520: *Sauda—Röldal* Nov. bis Juni. Das ganze Jahr offen sind, werden aber bei starken Verwehungen oder auch nachts geschlossen: *Straße 7 Hardangervidda;* 45 *Hunnedalsvegen;* 882 *Storvik—Bardines;* 885 *VintervollenGrense Jakobselv.*

Skutvik abbiegen) hat Hamsun vom dritten Lebensjahr an auf dem Hof *Hamsund* seine Kindheit verbracht (er ließ als Autor das »d« des Namens weg). Er schrieb später über die Leute des Nordlands und der Lofoten: »Hier leben die liebenswürdigsten Menschen des ganzen Landes.« Sie seien weniger sauertöpfisch als die Menschen im südwestlichen und südöstlichen Norwegen. »Der Nordländer ist herzensgut und geduldig. Und er ist von Natur aus großzügig.« Da ist was dran! Der kleine Mann im Norden ist selten ein gewiefter Kaufmann, aber hilfsbereit. Darum sind wohl so wenige zu Wohlstand gelangt. Und auch deshalb sind die Not und die Arbeitslosigkeit im Norden heute besonders groß.

Röst und Værøy (Vogelinseln) (A 4)

Ebenso wie zu den *Lofoten* gibt es von Bodö Fähr- und Flugverbindung zu den berühmten Vogelinseln *Röst* und *Værøy* weit draußen im Nordmeer. Sie erreichen die Vogelinseln auch mit der Fähre von den Ort *Moskenes* auf der Lofoteninsel *Moskenesöy*. Von *Röst* und *Værøy* aus Bootstouren zu den Brutkolonien.

Saltstraumen (Mahlstrom) (20 km) (B 4)

★ ✪ Norwegens schnellster Mahlstrom, wo bei Flut gewaltige Wassermassen vom *Saltfjord* in den *Skjerstadfjord* gepreßt werden — und bei Ebbe umgekehrt. Bei Springflut Geschwindigkeiten bis zu 20 km/h! Nur dann mit dem Boot in die Strömung, wenn auch die Einheimischen es wagen! Sehr fischreich, sehr gute Angelmöglichkeiten, auch vom Ufer aus, aber immer viele Menschen. Seit einigen Jahren überspannt eine Betonbrücke den Saltstraumen (gesprochen: -strömmen). Seit Mai 1996 gibt es das neue Saltstraumen-Erlebniszentrum, unterhaltend und belehrend zugleich. *Tgl. 9–17 Uhr, Eintritt 30 NOK.* Von Bodö Busverbindung vom Busbahnhof beim SAS-Hotel, mit dem Auto die 80 Richtung Fauske, dann auf die 813 zum Straumen nach Süden abbiegen (knapp 25 km).

Svartisen (B 5)

★ Nördlich von *Mo i Rana* biegt man von der E 6 nach Westen zu Norwegens zweitgrößtem Gletscher *Svartisen* (Das schwarze Eis) ab, einer der wenigen wachsenden Gletscher: Bis zum See *Svartisvatnet* (dort ist ein Café) mit dem Auto, dann mit dem Motorboot (Sommer stdl.) und schließlich noch eine halbe Stunde zu Fuß — auf festen Schuhen! Gletscherwanderung möglich. Nicht ungefährlich, nur mit Führer!

Træna (Fischerinsel) (A 5)

★ Ein Kleinod, noch kaum entdeckt! Genau auf dem Polarkreis, 40 km vor der Küste. 5000 Inseln, fünf ganzjährig bewohnt, Norwegens kleinste Gemeinde: knapp 500 Menschen, fast alle Männer, Fischer. Die junge Ärztin, Frau eines Fischers, ersetzt Polizei, Schiedsmann, Pastor und Psychiater. Gut 6 Std. mit dem Schnellboot von Bodö, 16 Uhr am Fährkai vorm SAS-Hotel, *Onöy* umsteigen. Anreise auch direkt von *Sandnessjöen* (Straße 17) mit Schnellboot möglich. Ankunft in der Nacht — wie eine Expedition. Gepäckkarre am Kai schnorren (nächsten Morgen wiederbringen!). Zur *Gjestgiveri* muß man sich durchfragen, sie ist nicht beschriftet! Gut geführt, saubere kleine Zimmer, gute Küche, preiswert. Vorher bestellen! *Tel. 75 09 52 28, Kategorie 3.* Rückfahrt beginnt fast in der Nacht – der Wirt bringt am Abend das Gepäck zum Kai und beruhigt Besorgte: »Auf *Træna* klaut keiner!« Geheimtip: Im <mark>März hinfahren,</mark> am Tag schon hell, nachts atemberaubendes Polarlicht! Und sie freuen sich um diese Zeit über ein fremdes Gesicht.

Minikreuzfahrt auf dem Vestfjord (B 3–4)

Von Bodö aus bietet sich die Möglichkeit, an einem Nachmittag und langen Abend eine Minikreuzfahrt mit Schiffen der Hurtigrute auf einem der schönsten Streckenabschnitte zu machen. Jeden Tag verläßt um 15 Uhr ein Schiff den Hafen von Bodö und fährt in vier Stunden über den Vestfjord der wilden Bergkette der Lofotenwand entgegen – ein unvergleichliches Erlebnis. Um 19 Uhr legt das Schiff in Stamsund an, genau 2½ Stunden später fährt ein »südgehendes« Schiff der Route nach Bodö zurück, wo es um 1 Uhr nachts eintrifft – bei gutem Sommerwetter die ganze Strecke im Schein der Mitternachtssonne! Das Stamsund Hotel am Kai hat ein angenehmes Restaurant, falls Sie warm essen möchten. Sonst gibt es alles an Bord. Preis für Hin- und Rückfahrt gut 400 NOK. Die Fahrscheine löst man an Bord.

NARVIK

(**C 3**) Der Name der Stadt (20 000 Ew.) steht für einen der härtesten Kämpfe des Zweiten Weltkriegs. Wer in den Ferien ein bißchen Nachdenklichkeit mag, opfert ein paar Minuten für die Soldatenfriedhöfe. *Kriegsmuseum* südwestlich der Friedhöfe. Interessant: Europas größte Erzverladungskais. 5000 t je Spezialzug, kommt das Erz von Schwedens Malmbjergen herunter. Für landschaftliche Schönheit sorgt die Aussicht vom ✿ *Fagernesfjellet* bis hinüber zu den Lofoten. Die Seilbahn *(Fjellheisen)* trägt einen 700 m nach oben – nicht billig (60 NOK), aber sehr schön. Bei klarem Wetter, versteht sich.

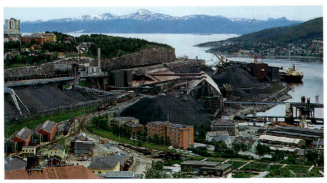

Narvik, der Erzhafen hoch im Norden

Wo die Alpen dem Meer entsteigen

Als der Fisch ausblieb, schienen die Lofoten am Ende. Jetzt soll der Tourismus das Paradies im Norden retten

Die Lofoten sind *in.* Sie erleben einen wahren Boom. 1995 kamen über 180 000 Besucher, davon mehr als ein Drittel aus Deutschland, viele aus Schweden, Frankreich, Holland. Der Dichter Knut Hamsun hat sie einst »das schönste Stück Norwegen« genannt. Tatsächlich ist die Inselgruppe, die auf der Höhe des Festlandshafens *Bodö* fast 150 Kilometer in die freie See vorspringt, von so überwältigender Schönheit und Vielfalt, daß Norwegen keinen zweiten vergleichbaren Platz zu bieten hat. Seit die Fischerei in der Krise ist, setzen alle auf Tourismus. Sanften Tourismus! Für Massen und Rummel fehlen alle Voraussetzungen. Inzwischen sind die Inseln durch Brücken oder Tunnel miteinander verbunden. Maut am Nappstraum-Tunnel: 70 NOK. Nur vom Festland braucht man noch eine einzige Fähre: von *Bodö* nach *Stamsund,*

Nusfjord, ein Lofotenhafen wie aus dem Bilderbuch. Die Unesco erhob den alten Fischerort zum »Weltkulturgut«

Svolvær oder *Moskenes,* von *Skutvik* nach *Svolvær* (alles ziemlich teuer) oder über *Narvik,* die Inseln der *Vesterålen* und die Fähre von *Melbu* nach *Fiskeböl* (billiger, aber 300 km zu Land mehr). Die schmale Lofotenstraße Nr. 19 heißt jetzt stolz E 10 oder »Kong Olavs Vei«. Überall auf den Inseln sind neue Hütten, oft mit WC/Dusche, entstanden. Neue Hotels wurden auch eröffnet.

Die Anreise mit dem Hurtigruten-Schiff von *Bodö* (jeden Tag 15 Uhr) über den *Vestfjord* ist bei gutem Wetter ein Traumerlebnis, bei rauher See können die vier Fahrtstunden freilich auch quälend lang werden (beschränkte Pkw-Beförderung). In 20 Minuten schafft es das Flugzeug der *Widerøe-Linie* von *Bodö* nach *Svolvær* oder *Leknes* (Anschlüsse an die Fernflüge). Die Fähre nach *Moskenes* geht auch über oft holperiges Wasser (vier Stunden), während das Schnellboot von *Bodö* nach *Svolvær* (keine Autos!) ruhigere Gewässer vorzieht. Ab Bodö meist 17.15 (zweieinhalb Std.), ab Svolvær 7.30 Uhr. Mehr im MARCO POLO Führer »Lofoten«.

SVOLVÆR

(**B3**) Svolvær, auf der Insel *Austvågöy*, Hauptort der Lofoten (4000 Ew.), lebt noch immer vorwiegend von Fischfang und Fischverarbeitung. Seit der Steinzeit wird auf den Inseln Tiefwasserfischerei betrieben, vor 6000 Jahren mit Angelschnüren aus Brennesselfasern, heute mit modernem Fanggeschirr – aber noch immer gibt es Spezialisten, auch Frauen, die nebenberuflich mit ganz primitiven Handangeln ein paar Tonnen Fisch ins Ruderboot ziehen und so die Haushaltskasse aufbessern.

Gejagt wird vor allem der *skrei*, der Laichdorsch, der zwischen Neujahr und Ostern einst in riesigen Mengen aus der Barentssee in den Vestfjord zwischen Lofoten und Festland zog, um hier Hochzeit zu halten. Zehntausende von Fischern mit vielen tausend Booten aus ganz Norwegen kamen früher zur *lofotsaison* zusammen, um den Dorsch zu fangen, der dann als Stockfisch (*tørrfisk*), ohne Salz auf Stangen an der Luft getrocknet, fast unbegrenzt haltbar wird. Im Juni exportiert man ihn als Fastenspeise in die katholischen Länder. Ende März, Anfang April treffen sich heute die Sportangler zur *Weltmeisterschaft im Dorschangeln* in Svolvær. Jeder kann mitmachen.

Die alten, seit 900 Jahren üblichen Rorbuer, Fischerhütten, auf Pfählen gebaut, stehen heute noch in vielen Häfen auf ihren Stelzen über dem Wasser. Im Sommer werden sie von Touristen bewohnt. Inzwischen kommen immer mehr moderne Hütten im »Rorbu-Stil« hinzu, viele sind mit Dusche ausgestattet. *Vermittlung: Touristbüro Svolvær (Destination Lofoten), Tel. 76 07 30 00*

MUSEEN

Lofotaquarium Kabelvåg

★ Dem Lofotmuseum benachbart ist das sehenswerte Lofotaquarium in einem futuristischen Neubau. *Tgl. 9–21 Uhr, Eintritt 25 NOK*

MARCO POLO TIPS FÜR DIE LOFOTEN

1 Lofotaquarium Kabelvåg
Rund um die Lofoten liegen riesige Fischgründe. Alles, was im Wasser schwimmt, ist zu sehen (Seite 66)

2 Flakstad Kirche
Obwohl nur klein, ist die knallrot gestrichene Kirche aus Treibholz auf der Insel Flakstad das schönste Gotteshaus des Archipels (Seite 69)

3 Nusfjord
Wie von einem Spielzeugmacher geschnitzt, kuschelt sich Norwegens »niedlichster« Fischerort zwischen Fels und Fjord (Seite 69)

4 Reine
Seit fast 100 Jahren Malerkolonie, seit vielen Jahrhunderten Fischerdorf ingeduckt vor dem Kirkefjord (Seite 69)

Lofotmuseet

Das Lofotmuseet liegt 5 km entfernt in dem benachbarten Ort *Kabelvåg*. Hier lag einst das Zentrum der Lofotfischerei mit einem bedeutenden Hafen. Noch heute ist die Form dieses alten Hafens für jeden erkennbar. Das Museum zeigt in den Häusern eines Handelshofs alles über Geschichte und Leben auf den Lofoten. *Mo—Fr 9—18, Sa und So 12—18 Uhr, Eintritt 25 NOK*

RESTAURANTS

In den Hotels gibt es überwiegend ansprechende Restaurants. Günstiger ißt man im *Stuene Café og Restaurant, Torggt. 8, Kategorie 2*, noch günstiger im Kiosk *Milsensgt. 13.*

HOTELS

Svolvær und Umgebung hat die meisten Hotels der Lofoten, in Hafennähe. Rechtzeitig buchen!

Havly

Das Traditionshotel der Stadt hat praktische Zimmer mit Dusche/WC. *53 Zi., Sjögt., Tel. 76 07 03 44, Fax 76 07 07 95, Kategorie 1—2*

Henningsvær Brygge Hotel

Ganz neues Hotel direkt am Wasser im typischen Fischerdorf Henningsvær, 30 km westlich von Svolvær. *32 Zi., Tel. 76 07 47 30, Fax 76 07 46 55, Kategorie 2*

Nyvågar Rorbuhotel

Das 30-Rorbu (Hütten)-Hotel, ganz modern mit Restaurant, liegt in Kabelvåg (5 km). *Tel. 76 07 89 00, Fax 76 07 89 50, Kategorie 2*

Rica Hotel Svolvær

Ganz neu auf der winzigen Insel Lamholmen (nördlich des Marktes), tolle Lage. *147 Zi., März bis Okt., Tel. 76 07 22 22, Fax 76 07 20 01, Kategorie 1*

Royal Lofoten

Modernes Haus nahe am Hafen von Svolvær, gut ausgestattete Zimmer. Die Restaurantspezialität — was sicher niemanden besonders erstaunen wird: Fisch. *45 Zi., Nilsensgt. 21, Tel. 76 07 12 00, Fax 76 07 08 50, Kategorie 1*

Svolvær Lofoten

Hier logieren Sie in einem sehr ansprechend eingerichteten Touristenhotel. *24 Zi., Austnesfjordgt. 12, Tel. 76 07 19 99, Fax 76 07 09 09, Kategorie 1—2*

Vestfjord Hotel

Das moderne 63-Zimmer-Haus liegt dicht am Hurtigrutenkai. *Tel. 76 07 08 70, Fax 76 07 08 54, Kategorie 1—2*

SPIEL UND SPORT

Segeln sollte man eigentlich nur mit Einheimischen. Die Lofoten liegen in rauhen Gewässern. Wind und Wetter sind nicht immer berechenbar, und auch das Fahrwasser mit seinen vielen Untiefen ist tückisch. Surfen ist hier nur etwas für Erfahrene. Felskletterei, Angeln und Bootsausflüge, auch zum *Trollfjord,* und (neu) Searafting über *Turistinformasjon* oder Hotel Havly.

AUSKUNFT

Destination Lofoten (zentrales Turistbüro), *8301 Svolvær, am Markt, P. O. Box 210, Tel. 76 07 30 00*

LEKNES

(**B 3**) Vor ein paar Jahren noch ein verschlafenes Nest, heute zentraler Einkaufsort der Insel *Vestvågøy*. Flugplatz am Stadtrand.

Leknes Hotel
Von außen ein langweiliger Kasten, jedoch überraschend gut eingerichtet. *26 Zi., Elvegardsv. 10, Tel. 76 08 29 50, Fax 76 08 24 70, Kategorie 2*

Norlandia Lofoten Hotell
Ein neuer, gelber Holzbau, der als Olympiahotel in Lillehammer stand und »versetzt« wurde. *63 Zi., Lillevollv. 15, Tel. 76 08 08 25, Fax 76 08 08 92, Kategorie 1–2*

Stamsund Hotel
15 km südlich am Hurtigrutenkai von *Stamsund* (Meerblick). *28 Zi., Tel. 76 08 93 00 und 76 08 97 26, Kategorie 2*

Borg (17 km)   (B 3)
Nördlich von Leknes ist bei Borg 1995 das *Viking Museet Lofotr* eröffnet worden, Norwegens größter und nördlichster Häuptlingssitz. Sehenswert. *Eintritt 80 NOK*

Eggum (30 km)   (B 3)
Wer die Mitternachtssonne genießen will, findet in dem kleinen Fischerort, 30 km nördlich von Leknes, einen idealen Platz. Wie in den anderen Norddörfern.

RAMBERG

(**A 4**) Auf der Insel *Flakstadöy*, durch Tunnel von Leknes erreichbar, ist Ramberg seit einigen Jahren Zentralort (keine Hotels). Schon die Anfahrt um einen kleinen Fjord und dann vor dem Ort der weite Blick in den *Selfjord* mit den ihn umschließenden Gipfeln der Insel *Moskenesöy* sind unvergeßlich.

Die Lofoten leben von Fischfang und Tourismus

BESICHTIGUNGEN

Flakstad Kirche
★ Mit Recht gilt die rot gestrichene, nur aus angespülter Schiffsladung gebaute Blockhauskirche als eines der eindrucksvollsten Gotteshäuser des Nordens. Der Küster schließt Ihnen gern auf.

Schmiede in Sund
Hier hämmert der »Schmied von Sund« schon in zweiter Generation eiserne Kormorane *(skarver)*. Zum Zusehen. Angeschlossen das *Fischereimuseum, Eintritt 30 NOK*

RESTAURANTS

Ramberg Gjestegård
Vom *Ramberg Gjestegård* ist nach dem Hotelbrand erst das Restaurant großzügig wieder aufgebaut. *Tel. 76 09 35 00.*

Fredvang Strandcamping
Kleines Restaurant nördlich der Brücken Ramberg–Fredvang am »Mitternachtssonnenplatz« der Inseln. *Tel. 76 09 42 33, Kategorie 3*

ÜBERNACHTUNG

Übernachtung in Hütten mit Dusche beim Restaurant Ramberg, im Sjöhus am Hafen, in Privatquartieren. *Kategorie 2–3*

AUSKUNFT

Turistkontor Flakstad
Auf halbem Weg zwischen Flakstad und Ramberg: im Kiosk am Parkplatz Vermittlung von Hütten, Rorbuern, Privatquartieren, Boots- und Kutterfahrten. *Tel. 76 09 34 50, Fax 76 09 37 78*

ZIEL IN DER UMGEBUNG

Nusfjord (13 km)   (A 4)
★ Der historische, an einen winzigen Fjord gekuschelte Fischereiplatz wurde von der Unesco zum Weltkulturgut erklärt, machte aber eine schwere Krise durch. Der Lachszüchter, dem Nusfjord bis zum letzten Nagel gehörte, ging pleite. Der neue Besitzer läßt den Ferienbetrieb in den hübschen *Rorbuer* weitergehen. Neu: das originelle Restaurant *Orianna, Tel. 76 09 30 90, Kategorie 2–3*. Von hier ⚐ Kletterpfad am weiten Vestfjord entlang nach *Nesland,* einem verlassenen Fischerort im Süden der Insel.

REINE

(A 4) ★ ⚐ Der schön gelegene Fischerort am *Kirkefjord* auf der Insel *Moskenesöy* (Brücke) ist mit seiner gewaltigen Bergkulisse seit hundert Jahren Ziel vieler Maler. Kurz vor dem Dorf Brutkolonien von Dreizehenmöwen. Hinter Reine noch die alten Fischerplätze *Moskenes* (Fähre nach Bodö), *Sörvågen* und *Å,* das Dorf mit dem kürzesten Namen der Welt. Überall neue *Rorbuer* mit WC und auch umgebaute *Sjøhus* (oft Gemeinschafts-WC). Aber die Landschaft trotzt allen Tourismusauswüchsen. Fahrten auf die Vogelinseln *Værøy* und *Röst* über *Turistkontor Moskenes, Tel. 76 09 15 99,* am Fährkai.

HOTEL

Nye Vest-Lofoten-Hotel
Etwas erhöht an der Straße in *Sörvågen,* das einzige Hotel der Insel. *12 Zi., Tel. 76 09 13 66, Fax 76 09 15 65, Kategorie 2*

Superlative nimmt hier keiner ganz ernst

Tromsö, die alte Stadt des Nordens, ist heute fest in der Hand der Jugend: Studenten haben sie neu geprägt

Weiter nach Norden! Auf *Nordland* folgt *Troms* mit *Tromsö* als Hauptstadt, den großen Inseln *Senja* und *Kvalöya* und südlich davon die Gruppe der *Vesterålen,* die manche halb und halb zu den Lofoten rechnen, aber das wird beiden Archipelen nicht gerecht. Immer tiefer sinkt nun die Baumgrenze, immer kahler, nackter recken sich die Bergmassive aus der See.

TROMSÖ

(C 2) ★ Stadt der Superlative — aber die Leute in Tromsö wissen es meist gar nicht. Größte Stadt Norwegens, an Fläche zwar nur, aber immerhin! Mit 55 000 Einwohnern größte Stadt nördlich des Polarkreises. Und die Stadt mit der jüngsten Bevölkerung. Das macht die Universität, die natürlich die nördlichste der Erde ist und erst 1972 eingeweiht wurde. Seitdem werden abends die Bürgersteige nicht mehr hochgeklappt. Die Studenten haben Tromsö ein neues Gesicht gegeben. Keine andere Stadt des Landes hat so viele Hotels, Restaurants, Kneipen, Bars, Diskos und Nightclubs, immer gemessen an der Einwohnerzahl. Noch ein paar Superlative, die aber niemand so recht ernst nimmt: In keinem anderen Hafen der Welt sind so viele Polarexpeditionen begonnen worden wie in Tromsö. Hier kann es, bedingt durch die großen vorgelagerten Inseln, verdammt kalt werden. Daß der Schnee ein halbes Jahr liegen bleibt, regt niemand auf. Dafür scheint die Mitternachtssonne vom 23. Mai bis zum 23. Juli.

Schließlich noch: Wenn Ihre Zeit knapp ist und Sie sich zwischen Tromsö und Hammerfest, der zwar nicht größten, aber doch nun wirklich allernördlichsten Stadt, entscheiden müssen: Nehmen Sie Tromsö!

Die Hochbrücke verbindet das Festland und das »eigentliche« Tromsö zur flächenmäßig größten Stadt Norwegens

BESICHTIGUNGEN

Vier Dinge sind in Tromsö ein »Muß«: die *Tromsö bru,* die Hoch-

MARCO POLO TIPS FÜR TROMS

1 Insel Kvalöya
Selten trifft man 4500
Jahre alte Felszeichnungen
so dicht an der Straße
(Seite 74)

2 Lyngen und Storfjord
Die Alpen scheinen nach
Troms versetzt (Seite 74)

3 Nordlysplanetariet
Polarlicht kann in Tromsö
das ganze Jahr über be-
sichtigt werden (Seite 72)

4 Svalbard (Spitzbergen)
Faszinierend unwirklich,
aber jetzt mit Hotel
(Seite 74)

5 Tromsö
Zentrum in jeder Bezie-
hung: Fischerei, Universität, Verkehr, Kirche — und
die meisten Kneipen, im
Herbst 1994 zählte man
57. Tendenz steigend!
(Seite 71)

brücke zwischen Festland und der eigentlichen *Tromsöya,* die Eismeerkathedrale auf der Festlandseite der Brücke, die Kabinenseilbahn *(Fjellheisen)* auf den Aussichtsberg *Storsteinen* (Der große Stein) und schließlich das einzigartige *Nordlysplanetariet* (Nordlichtplanetarium).

Fischmarkt

Am *Stortorget* am äußersten Ende des *Indre Havn* (Innenhafens) neben der Brücke ist unterhalb der *Rådhusgt.* Häufig am Morgen Fischmarkt. Das muß man gesehen haben! Da werden Fische und Krabben direkt vom Kutter an die Hausfrau verkauft.

Folkeparken (Volkspark)

Am Südende der Stadtinsel überrascht im Volkspark die fast tropisch anmutende Vegetation der *tromsöpalmer,* bis 3 m hoch, auf deutsch »Bärenklau« (Heracleum). Nicht abbrechen! Erstens sowieso. Zweitens: Die Flüssigkeit in den Stengeln ätzt stark. Im Park haben Samen Verkaufsstände für ihre Volkskunst.

Ishavskatedralen (Eismeerkathedrale)

Sonst sind die Norweger mit dem Begriff »Eismeer« gern zurückhaltend. Wo der Mitteleuropäer gern schon vom Eismeer spricht, reden die Nordmänner noch von der Norwegischen See, dem Nordmeer, manchmal auch dem Ostmeer. Bei der *Eismeerkathedrale* haben die Werbeprofis der Touristikbranche von Beginn gesagt: »Eismeer, das wollen die Leute hören, da werden sie kommen!« Sie tun es wirklich. Über Mittag ärgern sie sich dann, weil die Kirche für 90 Minuten abgeschlossen wird. 1965 aus Beton und Glas erbaut, verkörpert sie eigenwillig die Elemente dieser Landschaft: Licht, Eis, Brüche, Verwerfungen. Die ganze Ostwand ist ein 150 qm großes Glasmosaik. *Sommer Mo—Sa 10—14, 15.30—17 und So 13—17 Uhr, Eintritt frei*

Nordlysplanetariet (Polarlicht-Observatorium)

★Es ist allemal einen Besuch wert. Da erfährt man alles über die geheimnisvollen, riesigen, in vielen Farben leuchtenden »Tüllgardinen« des Nordlichts, die im Winter hier im Norden über den Himmel wabern: Sonnenwinde, elektrisch geladene Teilchen, die vom Magnetfeld der Erde eingefangen werden. *Breivika, Vorführung Sommer Mo bis Fr 13.30, 18 und 19.50 Uhr, Sa/So 12.30, 14, 15.30, 17 und 18.30 Uhr, Eintritt 60 NOK, Kinder 20, außerdem Familienrabatt*

Storsteinen (Aussichtsberg)

In einer Seitenstraße hinter der Eismeerkathedrale ist die Talstation von *Fjellheisen,* der Kabinenseilbahn zum 420 m hohen *Storsteinen.* Oben verkaufen ein paar Samen Lappenkunst, die teils schon aus Fernost kommt. Es ist viel Platz, man kann Gruppen leicht entrinnen und sich in Ruhe an der phantastischen Aussicht freuen. Stellenweise ist Maschendraht angebracht, damit Sie nicht zu dicht an die Kante treten. Sie sollten ihn beachten, denn wenn schon Norweger einen Schutzzaun aufstellen…

Tromsö bru (Brücke)

Sie müssen rüber, wenn Sie in die Stadt wollen: 1035 m lang, 38 m hoch. Gehen Sie doch einmal zu Fuß, das ist ganz lustig. Unten die Schiffe, oben die Autos.

MUSEEN

Bymuseum (Stadtmuseum)
In der alten *Toldbod.* Kulturhistorische Sammlungen. *Sommer tgl. 11–15 Uhr, Eintritt 25 NOK*

Polarmuseum
In der denkmalgeschützten *Toldbodsbrygge (gleich im Stadtzentrum).* *Sommer tgl. 11–17 Uhr, Eintritt 30, Kinder 15 NOK*

RESTAURANTS

Kleine Auswahl aus der Vielzahl der unterschiedlichen Angebote: *Peppermöllen* (Pfeffermühle), ältestes Haus am Ort, guter Fisch, zu dem man das einheimische *Macköl* (Bier) trinkt, *Storgt. 42, Tel. 77 68 62 60, Kategorie 1. Panorama,* nur auf den ersten Blick ein Café. Vor allem Restaurant, angenehme Küche, Blick zum Hafen. *Sjögt. 39, Tel. 77 68 81 00, Kategorie 2. Compagniet:* gut, aber teuer. *Sjögt. 12, Tel. 77 65 57 21, Kategorie 1. Brankos Mat og Vinhus,* jugoslawisch, gut und preiswert. *Storgt. 57, Tel. 77 68 26 73, Kategorie 2*

EINKAUFEN

Am ehesten finden Sie hübsche Dinge bei *Hillka Design, Kirkegt.,* und *Nordkalottens Hus, Strandgt.*

HOTELS

Grand Nordic
Anspruchsvoll, nicht billig, Restaurants, Nightclub. *95 Zi., Storgt. 44, Tel. 77 68 55 00, Fax 77 68 25 00, Kategorie 1*

Rica Ishavshotel
Hypermodern, seit November 1995. *180 Zi., Frederik Langeg. 2 (am Sund), Tel. 77 66 44 00, Fax 77 66 44 44, Kategorie 1*

Scandic Tromsö
Eines der größten Hotels der Stadt. Im Winter teuer, günstiger im Sommer. *150 Zi., Heilev. 23, Tel. 77 67 34 00, Fax 77 67 67 40, Kategorie 1–2*

Preisgünstiger wird es im ausgezeichneten *Saga*, Etagenhotel, *65 Zi., Richard Withs plass 2, Tel. 77 68 11 80, Fax 77 68 23 80, Kategorie 2,* und im bürgerlichen *Rainbow Polar Hotell, 60 Zi., Grönnegt. 45, Tel. 77 68 64 80, Fax 77 68 91 36, Kategorie 2.* Günstiger ist das *Skipperhuset, Storgt. 112, Tel. 77 68 16 60 (Etagenklo), Kategorie 3*

Turistinformasjon
Storgt. 61, Tel. 77 61 00 00, Sommer Mo—Fr 8.30—20, Sa 10—16.30 und So 12—16.30 Uhr, sonst kürzer

ZIELE IN DER UMGEBUNG

Lyngen- und Storfjord   (C 2)
★ Straßen E 8 (bisher 78) und 91 zirka 60 km nach Osten, Fähre *Breivikeidet—Svensby* (25 Min.), dann noch 20 km bis *Lyngseidet an Lyngen- und Storfjord* (wo man noch nach *Olderdalen* übersetzen kann). Großartiges Alpenpanorama, wild und dramatisch. Klettertouren jeden Schwierigkeitsgrades sind hier möglich. Im Winter empfehlen sich Schlittentouren mit Hunden oder Rentieren. In Lyngseidet steht eine Holzkirche von 1775.

Insel Kvalöya   (C 2)
★ Die Straße 862 entlang der Südküste von Kvalöya ist einen Ausflug wert. Nach 25 km erreicht man den *Rystraumen* (Mahlstrom), durch den die Hurtigrute-Schiffe müssen. Angelmöglichkeit vom Ufer aus. Vorsicht, die Felsen sind schräg! 20 km weiter westlich dicht an der Straße 4500 Jahre alte Felszeichnungen.

SVALBARD (SPITZBERGEN)

(O) ★ Norwegens nördlichster Vorposten *Svalbard* (62 050 qkm) im Polareis wird in aller Regel von Tromsö aus mit Schiff und Flugzeug bedient. In Tromsö begannen auch viele wichtige Polarexpeditionen, so Nansens Fahrt mit der »Fram«, Amundsens Start zur Rettungsaktion für Nobile, bei der er selbst ums Leben kam.

Früher ließ Hurtigruten im Sommer einige Schiffe bis Svalbard laufen (Spitzbergen ist nur eine der Inseln, der Ausdruck ist in Norwegen nicht üblich). Diese schöne Tradition ist jetzt wieder aufgenommen worden. Näheres im Reisebüro. Übliches Verkehrsmittel aber ist das Flugzeug. SAS und Braathens fliegen beide von Tromsö nach Svalbard (90 Min.).

Übernachtungsmöglichkeiten sind dort rar. Es gibt einen einfachen Campingplatz nahe beim Flughafen *Longyearbyen.* Wer bleiben will, muß Ausrüstung zum Übernachten und Verpflegung bei sich haben. Es sei denn, er geht in eines der drei neuen Hotels: *Svalbard Polar Hotel (65 Zi., Tel. 79 02 35 00, Fax 79 02 35 01, Kategorie 1), Funken Hotel (35 Zi., Tel. 79 02 24 50, Fax 79 02 10 05, Kategorie 1), Nybyen Gjestehus (70 Zi., Tel./Fax wie Funken, Kategorie 2).* Auf Svalbard leben etwa 3500 Menschen, je zur Hälfte Norweger und Russen. Die Russen haben Kohlegruben gepachtet. Auch Norwegen fördert Kohle, die wegen ihrer Qualität auf dem Weltmarkt gesucht ist.

Seit etwa 1900 wird Svalbard im Sommer jedes Jahr mehrfach von Kreuzfahrtschiffen angesteuert. Dabei lief 1989 der russische Luxusliner »Maxim Gorki« mit 18 Knoten Fahrt auf einen flachen Blaueisberg, schlug leck und drohte zu sinken. Der norwegische Rettungsdienst barg die ausschließlich deutschen Passagiere, Mannschaft und Schiff in einer mustergültigen Aktion. *Redningsinspektör* Rolf Johansen in Bodö: »Kein Vorwurf! Das kann jedem passieren. Die Passagiere wollen Eis sehen, die Reeder die Einhaltung des Fahrplans.«

VESTERÅLEN

(**B 3**) Die Inselgruppe der *Vesterålen* liegt nördlich der Lofoten und gehört zur Hälfte noch zum *Fylke* Nordland, wird aber ganz von Troms erschlossen. Die Fischerei war hier jahrhundertelang das Hauptstandbein der Wirtschaft. Noch heute sieht man überall Gestelle, auf denen vom frühen Frühjahr bis zum Juni der Stockfisch (norwegisch: *törrfisk,* Trokkenfisch) von der Salzluft ohne Zusätze konserviert und vom Wind knochenhart gedörrt wird. Beste Qualität sind die Fänge von März und Anfang April, die keinen Frost mehr bekommen.

In *Harstad,* dem Hauptort der *Nordvesterålen,* bildet sich zur Zeit das Gegenstück zur Ölstadt Stavanger heraus. Harstad wird Versorgungshafen für alle nördlichen Bohrungen. Das bringt zwar Arbeitsplätze, aber ganz glücklich sind die Harstäder auch nicht darüber. Bis 1981 hatte es ein einziges Kapitalverbrechen in der 32 000-Einwohner-

Stadt gegeben: Ein Mann schlug seine Frau tot. »Kein Mord«, so die Richter, »Totschlag im Affekt.« Jetzt fürchten alle: Mit dem Öl kommt mehr Mord.

Wer auf die Vesterålen will, verläßt Narvik auf der E 6 nach Norden, biegt nach 32 km in Bjerkvik nach Westen auf die E 10 (früher 19) ab. Nach weiteren 66 km muß er sich entscheiden, ob er rechts nach Harstad oder links über die E 10 nach Sortland oder Stokmarknes *(Hurtigruten-Museum)* will. Harstad ist mit seinen 32 000 Einwohnern eine Stadt, die schon heute aus den Nähten platzt, und das wird noch mehr werden.

Aber rundrum ist Raum, die Landschaft zeigt mehr Liebreiz als die schroffen Lofoten. Harstad war immer auch eine Stadt der Maler und wird das hoffentlich auch bleiben. Allein die Mitternachtssonne (23. Mai–22. Juli) läßt ein unbeschreibliches Farbenspiel über Meer und Küste fluten. Mag auch sonst abends in Harstad die große Langeweile umgehen und das junge Volk in einem schier endlosen Autokorso am Hafen die Zeit totschlagen, einiges fällt den Harstadern schon ein: Das *Internationale Fischerfestival (Wettangeln)* Ende Juli/Anfang Aug. paßt noch ins Bild, die *Klassik- und Theaterfestspiele im Juni* überraschen einen schon eher. Sehenswert: die 3 km entfernte *Kirche von Trondenes* (um 1250), die einzige in Nordnorwegen erhalten gebliebene alte Steinkirche mit einem sehenswerten Flügelaltar aus dem Mittelalter. Hier gibt es *Orgelkonzerte während der Festspiele. Auskunft: Turistinformasjon, Strandgt. 20, Tel. 76 96 32 35*

Wo der Norden ein Käppchen trägt

Wenn Norweger von der Nordkalotte sprechen, meinen sie das Ende der Welt. Da sagen sich Ren und Schneehuhn adieu

Von der Nordkalotte zu reden ist für Skandinavier Umgangssprache. Kalotte heißt das Käppchen katholischer Geistlicher. Die Nordkalotte, der Deckel, der ganz oben wie ein Abschluß gegen das unwirtliche Polargebiet auf Norwegen und Schweden sitzt. Finnmark, Norwegens letztes Ende, ist das Sorgenkind der Osloer Regierung, weil hier alles besonders teuer und die Arbeitslosigkeit hoch ist. Finnmark, das sind gut 70 000 Einwohner auf 48 000 qkm Fläche, statistisch 1,4 Menschen je qkm. In den Niederlanden sind es 350. Hier ist Platz! Aber nicht mehr für die 140 000 oder 150 000 Rentiere der Samen. Viel zu viele! Der Boden ist überweidet, die hauchdünne Vegetationsschicht von den Hufen der Tiere zertreten und, schlimmer noch, von den Skootern und Geländemotorrädern der Hirten zerfurcht. 30 Jahre dauert es hier oben, bis sich

Am nördlichen Zipfel erwartet Sie die Mitternachtssonne. Aber die scheint nicht nur am touristischen Nordkap

eine zerstörte Pflanze regeneriert. Knapp 35 000 Samen leben im Norden. Die meisten »denkt« man spontan nach Finnland. Falsch! Norwegens Finnmark ist das Samenland. Hier gibt es allein über 20 000. Finnland und Schweden bringen es nur auf je etwa 5000, ein paar leben in Rußland. Die »Norweger« und die »Schweden« sind meist evangelisch, die »Finnen« russisch-orthodox. Allen gemeinsam: Immer weniger folgen mit Ski, Schlitten und der ganzen Familie ihren Herden. Immer mehr leben seßhaft, immer größer werden die Herden einiger weniger Besitzer, immer größer wird die Zahl angestellter, abhängiger Männer.

Im hübschen, kleinen Samenmuseum in *Varangerbotn* beklagt eine aufgeweckte junge Samin — sie ist als Kind noch mit dem Zelt, der *kota,* der Herde gefolgt, heute studiert sie Pädagogik —, daß es auf der riesigen *Varangerhalbinsel* noch ganze neun Samen als selbständige Züchter gibt. Lohnt es sich nicht hinzufahren? Aber ja! Finnmark ist großartig, gewaltig, oft schier unendlich, eintönig, bedrückend – und dann wieder von bezauberndem Liebreiz. Finnmark ist einfach unvergleichlich. Nichts darf Sie überraschen. Auch nicht der Schneesturm im Hochsommer.

ALTA

(**D 2**) ★ Mit fast 15 000 Einwohnern größter Ort Finnmarks, sehr langgezogen 145 km südlich von Hammerfest an der E 6. Bemerkenswert vor allem wegen seines günstigen Klimas (nirgendwo sonst reift so weit nördlich Getreide) und der 1973 entdeckten *3000 Felszeichnungen* des *Helleristningsfelt Hjemmeluft.* Es ist das größte Feld Nordeuropas, seit 1985 in die Liste der Weltkulturgüter der Unesco aufgenommen. Man schätzt die Zeichnungen auf 2600 bis 6200 Jahre: Alltagsszenen und rituelle Handlungen. Das Feld, auch bei Regen auf Holzstegen zu be-

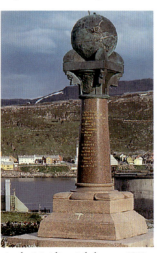

An der Meridiansäule begann 1819 die erste exakte Vermessung der Welt

gehen, ist im *Sommer tgl. von 8–22.30 Uhr geöffnet.* Es liegt direkt an der E 6. Das angenehmste, größte und modernste Hotel am Ort ist das *North Cape (SAS), 98 Zi., Tel. 78 43 50 00, Fax 78 43 58 25, Kategorie 1–2, mit guter regionaler Küche.*

HAMMERFEST

(**D 1**) Der nördlichste Hafen Norwegens ist zugleich die nördlichste Stadt der Welt (seit 1789). Zweimal in den letzten hundert Jahren brannte sie vollständig ab, einmal »nur so«, einmal, 1944, beim Rückzug der Wehrmacht. Einzig die kleine Steinkapelle auf dem Friedhof überstand alles. Sie steht heute noch. Eine neue Kirche gibt es seit 1960, ähnlich Tromsös Eismeerkathedrale. Die kleine katholische St. Michaeliskirche wurde 1957 wieder aufgebaut, eine freiwillige Wiedergutmachung junger Deutscher. Der Hafen kam schnell wieder in Gang. Nestlé und Findus investierten in Fischveredlung. 7000 Menschen leben heute hier. Interessant ist die *Meridiansäule.* Hier begann 1819 die erste exakte Vermessung der Erde durch Norweger, Schweden und Russen. Sie dauerte 30 Jahre. Erst in unseren Tagen kann man beweisen, daß die Vermesser sich nur um ein paar Meter vertan hatten.

RESTAURANT

Essen außerhalb der Hotels ist nicht ganz einfach. Ein Tip: *Pomoren Mat & Dansebar* serviert als Spezialität Steinbeißer *(steinbit),* den Fisch, der meist ohne Kopf auf den Markt kommt, um die Käufer nicht zu erschrecken, aber köstlich schmeckt. *Storgt. 27, Tel. 78 41 18 93, Kategorie 2*

Hotels in der Stadt haben ihren Preis. Am teuersten, schön zum Wasser gelegen, stark frequentiert, das *Inter Nor Hammerfest Hotell*, 52 Zi., Strandgt. 2–4, Tel. 78 41 16 22, Fax 78 41 21 27, Kategorie 1. Am größten ist das *Rica Hotell, 85 Zi., Söröygt. 15, Tel. 78 41 13 33, Fax 78 41 13 11, Kategorie 1–2,* wo man billiger, aber kaum weniger komfortabel wohnt. Im *Hammerfest Motel* an der *Straße 94: Apartments zu Hotelpreisen der Kategorie 2. Hütten für je 4 Personen kann man in Hammerfest und Umgebung ab 250 NOK pro Tag bekommen.*

Turistkontor
Sjögt, Tel. 78 41 21 85

KARASJOK

(**E 2**) Gemeinsam mit Kautokeino ist wohl Karasjok in der Finnmarksvidda, 75 km südlich von Lakselv, das bedeutendste Samenzentrum. Auf älteren Karten findet man von hier gar keine Straße nach *Kautokeino,* sie ist aber inzwischen da und gut zu befahren! Quer durch die Tundra mit niedrigem Bewuchs, viel Krüppelgehölz. 85 Prozent der 2500 Einwohner sind Samen. Die alte Kirche von 1807 steht noch (trotz Krieg!), die neue, wie ein großes Holzzelt, stammt von 1974. Es gibt ein Gymnasium mit samischem Zweig. In der Realschule lernt man das Fach »Rentierhaltung«. Die Bibliothek hat die größte Sammlung samischer Literatur, das *Samenmuseum (De samiske Samlinger)* gibt guten Überblick über die Lebensweise der Samen. Silberschmiede, Kunstgewerbezentrum, Gebrauchsge-

---

MARCO POLO TIPS FÜR DIE FINNMARK

1 Alta
Nirgendwo sonst in Norwegen trifft man Felszeichnungen in solcher Massierung wie am Rand von Alta (Seite 78)

2 Hamningberg
Eine Geisterstadt. Jeden Augenblick erwartet man einen John Wayne mit einem Riesendorsch auf dem Rücken (Seite 83)

3 Kautokeino
Eines der beiden Samen-(Lappen-)Zentren in der Finnmark-Tundra. Der

Staat tut alles, um die bedrohte Minderheit zu retten (Seite 80)

4 Nordkap
Das Nordkap auf der Insel Mageröy ist imposant. Aber auch in mehr als einer Hinsicht problematisch (Seite 80)

5 Varanger
Alternative zu Mageröy und Nordkap, mit Båtsfjord, Berlevåg, Vadsö, Vardö mit dem Baum, der im Winter in die Kiste kommt (Seite 81)

genstände (Finnenmesser) im Zentrum. Bootstouren auf dem Fluß, Ostern Samenfest, Rentierschlittenfahrten: *Turistinformasjon, Tel. 78 46 73 60.* Außer kleineren Hotels und Herbergen: *SAS Hotel (North Cape), 63 Zi., Tel. 78 46 74 00, Fax 78 46 68 02; Annes Motell, 6 Zi., Tel. 78 46 64 32, kein Fax.*

KAUTOKEINO

(**D 3**) ★ Kautokeino (130 km südlich von Alta) ist eine der größten Samengemeinden, fast 2500 ständige Einwohner, dazu 70 000 Rentiere, die aber im Sommer an der Küste und auf den Inseln weiden – auch der Mücken wegen, die hier, wie überall im Inneren Lapplands, wie die Teufel stechen. Unbedingt Mückenmittel kaufen und im Hotel Zimmer mit defektem Fliegendraht vorm Fenster wild entschlossen ablehnen. Erst gegen Ende August geht die Mückenplage vorbei. Die Einheimischen schwören auf Finn-Olje, in allen Hotels, Herbergen, Läden, Tankstellen erhältlich. Ostersonntag ist das Volksfest, Samen-Hochzeit, Taufen, Rentierschlittenrennen finden statt. Um diese Zeit ist die »kleine Rentierscheide« (die große ist im Herbst). Dann werden die Böcke von den Muttertieren »geschieden«, die Schlacht- von den Zuchttieren. Herrlich bunte Bilder, eine tolle Sache, nur: Ostern ist es noch sehr kalt. Damit alles seine Ordnung hat, gibt es eine Rentierpolizei. Glauben Sie nicht? Bitte: *Tel. 78 45 75 69.* Die Kautokeino-Tracht ist besonders hübsch. Ganzjahres-Attraktion: *Juhls*

sølvsmie (Silberschmiede). Ein herrlich verrücktes Haus, ein 1000 qm großer, verwinkelter Bungalow in der Wildnis, vollgestopft mit Museumsstücken, Silberarbeiten, schönen (käuflichen) Lappenmessern, Trachten, Taschen und Körben. Alles wie in einem einzigen Raum – scheinbar sogar die Schafe und Hühner (die Glasscheibe davor entdeckt man erst spät). Hier kann man gucken, so lange man Lust hat, keiner muß kaufen, Kaffee ist billig. *2 km in Richtung Galamito: Nordlandic Kautokeino Hotel, 45 Zi., Tel. 78 45 62 05, Fax 78 48 67 01, Kategorie 1. Samisch essen bei Karen Anne Bongo, Tel. 78 45 61 60*

NORDKAP

(**E 1**) ★ Das Nordkap auf der Insel *Mageröy,* von den Norwegern *Nordkapp* geschrieben, gilt als der nördlichste Punkt Europas. Seine geographische Breite ist 71° 10' 21". Das ist korrekt. Aber dies ist nicht der nördlichste Punkt! Der heißt *Knivskjellodden,* liegt auf derselben Insel ein paar Kilometer nach Westen, aber eben nördlicher, auf 71° 11' 08". Warum diese kleine Mogelei? Das Nordkap ist mit seinen 307 m so stattlich, ein einziger Klotz, der aus dem Nordmeer ragt, obendrauf Platz hat und eine wunderbar ebene Hochfläche aus Glimmerschiefer. Knivskjellodden dagegen, ein Haufen wirrer Schiefertrümmer, gegen den die Brandung gischtet, zeigt nichts her. Außerdem ist es mühsam, dorthin zu gelangen. Praktisch, wie Norweger nun mal sind, und um allem Ärger zu entgehen, nennen viele das Nord-

kap den nördlichsten Straßen-
punkt Europas. Hat da eben
jemand mit dem linken Auge
gezwinkert?

Oben drauf gibt es eine Halle,
Rummel, brüllende Kinder,
Männer in zu weiten Pyjamas
oder bunten Freizeitanzügen,
viel Bier, zahme Rentiere, Verkaufsstände, auch von Samen,
Unrat die Menge. Den Rest hat
man nach unten in den Fels ge-
sprengt. Panoramacafé, Video-
vorführung der Mitternachtssonne, falls das Original in den
Wolken steckt. Natürlich gibt es
hier auch Bier. Und ein Zertifi-
kat, daß man da war und Aufkle-
ber fürs Autoheck. Sagen Sie
nicht, ich sei ein Miesmacher. Ich
möchte Sie nur vor einer Enttäu-
schung bewahren. Denn es ist
mühsam, dorthin zu gelangen,
und die Mitternachtssonne sieht
hier auch nicht anders aus als wo-
anders. 2163 km von Oslo auf
der E 6 durch Norwegen, das
macht vier bis fünf Tage, wenn
Sie nicht links und rechts gucken.
Durch Schweden und dann über
Kiruna und *Narvik* oder durch
Schweden — Finnland, dann die
Straße 93 nach *Alta,* geht es
schneller, ist aber landschaftlich
nicht so schön. Bleibt der Zug
von *Malmö* über *Kiruna* nach *Narvik* und dann der Linienbus, das
Flugzeug oder schließlich die
Schnellbuslinie, *die täglich 11.50
Uhr Oslo verläßt,* über Schweden
und Finnland nach Norden brettert und nach genau 34 Stunden
nonstop am Ziel ist, Essen und
Klo an Bord, Fahrerwechsel ver-
mutlich fliegend.

Sie wollen mit dem eigenen
Auto zum Nordkap? In Ord-
nung! Beim *Olderfjord nördlich Alta* nach links von der E 6 auf die
E 69 (früher 95) abbiegen, nach
Kåfjord und durch Finnmarks
längsten Tunnel zur Sommerfäh-
re nach *Honningsvåg* auf *Mageröy,*
20 Abfahrten am Tag oder mehr,
noch einmal 35 km Straße zum
Kap. Im Winter kann man nur zu
Fuß hin. Da ist diese Strecke ge-
sperrt. 13 km vor dem Kap ein
ganz neues Hotel: *Rica Hotell
Nordkapp, 240 Zi., Tel. 78 47 33 88,
Fax 78 47 32 33, Kategorie 1*

VARANGER

(E–F 1) ★ Natürlich will Ihnen der
Autor das Nordkap nicht ausre-
den. Aber er bietet Alternativen.
Hier ist eine: *Varanger,* die große
nordöstliche Halbinsel des Landes. Sie überqueren die *Tana* bei
Tana bru, verlassen dann sofort
die E 6 / E 75 und wenden sich auf
der 890 nach Norden. Zuerst
am Schwemmsanddelta der Tana
entlang, hinauf in die Höhe, die
bald an die innerisländischen Ge-
röllwüsten erinnert: hoher Norden pur. Ganz selten ein Auto
(im Winter darf hier, wenn überhaupt, nur im Konvoi gefahren
werden), dann und wann halbwilde Rentiere, kein Mensch.
Wenn Sie anhalten und das
Glück haben, daß kein Wind
geht, ist es, als hörten Sie die Stille, fühlten die Einsamkeit. Bloß
keine Panne! Aber keine Sorge,
hier hilft jeder jedem.

An der Gabelung wählen Sie
die 891 nach rechts. Vor *Båtsfjord*
streift eine einmotorige Dornier
der ehemaligen *Norving* fast Ihr
Autodach und landet neben
Ihnen. Das nennt sich Flugplatz:
Schotterpiste. Ob die Linie bestehen bleibt, ist noch nicht
sicher. Die erste Gesellschaft
ging pleite, *Widerøe* hat die Nor-

ving übernommen, und wie immer im Norden schießt der Staat zu. *Båtsfjord Nye Hotel (25 Zi., Tel. 78 98 31 00, Fax 78 98 39 18, Kategorie 2)* ist ein ordentliches Haus, aber besser vorher anmelden! Ort und Hafen (3000 Ew.) könnten auf Grönland liegen. In den Fischfabriken arbeiten heute Tamilen.

Weiter westlich (über die Straße 890) das kleinere *Berlevåg* (**F 1**) (1400 Ew.), an dem Hurtigruten früher bei Nordsturm so oft vorbeifahren mußte. Jetzt sind die riesigen Molen fertig und haben bisher jedem Orkan getrotzt. Auch im *Ishavshotellet* sollte man vorbestellen. *18 Zi., Tel./Fax 78 98 14 15, Kategorie 2.*

Am nächsten Tag die 140 km bis *Tana bru* (**E 1**) zurück. Ab 300, 400 m Höhe hat man auch im Juli Schneereste unter sich. Nun wieder auf die E 6/E 75. Nach knapp 20 km *Varangerbotn,* ein Nest wie am Alaska-Highway — bis auf das hübsche *Samen-Museum. Jetzt müssen Sie sich entscheiden: Vadsö* und *Vardö* an der Varanger-Südküste (E 75, früher Straße 98) oder *Kirkenes* an der russischen Grenze? Ein Vorschlag: Fahren Sie zuerst an die Südküste und dann weiter an die Grenze.

(**F 1**) 14 km hinter *Varangerbotn* liegt bei *Nesseby* auf einer Halbinsel im Fjord eine kleine Kirche. Auf dem Friedhof weiden Schafe. Diese Kirche blieb zwischen Kirkenes und Varanger 1944 das einzige Gebäude, das die abziehende Wehrmacht nicht niedergebrannt hat. An der Straße folgen prachtvolle ⚠️ Aussichtspunkte, dann vor *Klubben* der *Fugleberget,* der Vogelfelsen, der leicht zugänglich ist. Schließlich *Vadsö,* Finnmarks Verwaltungs-

zentrum mit 7000 Einwohnern. Im Krieg zweimal plattgebombt. Erst von Russen, dann von Deutschen. Nicht schön, aber praktisch wiederaufgebaut. Das *Vadsö-Museum (Eintritt 20 NOK),* im alten Stil wiedererstanden, belegt die vielen Einflüsse: Samen, Finnen, Norweger leben hier seit langem friedlich zusammen. Das *North Cape Vadsö Hotel (48 Zi., Oscarsgt. 4, Tel. 78 95 16 81, Fax 78 95 10 02, Kategorie 1)* ist ein angenehmes Haus.

Norwegens östlichster Hafen und die östlichste Stadt (3000 Ew.), 72 km von Vadsö, ist (**F 1**) *Vardö.* Eine Insel, seit 1983 durch einen 3-km-Tunnel, 88 m unter dem Meeresspiegel, mit dem Festland verbunden. Davor liegt eine noch kleinere Insel mit der Festung *Vardöhus* um 1730. In der Sternschanze stehen noch Kanonen. Sie schießen nur einmal im Jahr, wenn die Wintersonne zum erstenmal wieder über den Horizont steigt. Dann gibt es schulfrei — was für eine schöne Sitte!

Und davon hat man hier noch mehrere: Vor der Kommandantur steht im Winter eine Riesenkiste, darin dick verpackt Vardös einziger Baum, eine Eberesche. Es waren einmal acht. Sieben sind inzwischen längst erfroren. Das soll mit der letzten nicht auch noch passieren. Das *Vardöhus-Museum* und die *Kirche* von 1958 machen auf, wenn das Hurtigrutenschiff angelegt hat und die Passagiere sich die Beine vertreten wollen. Übernachtungsmöglichkeit im *Vardö Hotel, 31 Zi., Tel. 78 98 77 61, Fax 78 45 10 02, Kategorie 2*

Eine alte aufgegebene Fischersiedlung, die in der Wildnis an der Nordküste Varangers liegt, ist (**F1**) ★ *Hamningberg,* eine 40 km schmale, aber fahrbare Schotterstraße von Vardö entfernt. Verfallene oder grauweiß gebleichte Häuser, Goldgräberstimmung. Im Sommer hat der schwach bestückte Laden geöffnet, einige Familien kehren für ein paar Wochen zurück, pflegen die Gräber auf dem kleinen Friedhof. Hamningberg war Kulisse für mehrere Filme. ⋆Die Anfahrt entlang der zerklüfteten Schieferküste ist überwältigend. Und dann die Mitternachtssonne! In der Flutzone findet man Netzkugeln, ganze Netze, Korkschwimmer, ein halbes Steuerhaus.

ZIEL IN DER UMGEBUNG

Sör-Varanger (Pasviktal) (**F1–2**)
Von *Varangerbotn* auf der E6/E75 nach Osten. In *Neiden,* wo die Brücke den *Skoltefossen* (Skoltfall, benannt nach den hier lebenden Skoltsamen) überquert, kommt von rechts die Straße vom (finnischen) *Inarisee.* Linker Hand oberhalb des Flusses ein weitläufiges neues Holzhaus, *Neiden-Turisthotel (14 Zi., Tel. 78 99 61 69, Fax 78 99 61 68)* mit großem Restaurant, Hotel und Seniorenpension in einem. Auch Hütten gibt es. *Hotel und Restaurant Kategorie 2.* Wenn Platz, buchen! Denn danach kommt nur noch *Kirkenes,* ein öder Erzhafen, den man nicht gesehen haben muß, und die Hotels dort sind durch Reisegruppen immer zum Bersten voll. Aber: *Ab Kirkenes im Sommer tgl. Boot/Bus-Verbindung nach Murmansk (Rußland, kein Visum nötig).*

Hier ist Grenzland, hier haben Samen und Samojeden, Po-

moren und Russen, Finnen und Norweger lange Zeit meist friedlich zusammengelebt. Die verschiedenen Konfessionen haben ihre Kirchen und Kapellen in die Landschaft gesetzt, jeder hat jeden geduldet. Man läßt Kirkenes links liegen und wendet sich auf der Ölkiesstraße 885 nach Süden. Ein Schild fragt einen, ob man getankt hat, hier kommt keine Zapfsäule mehr, und der Sprit muß auch für die Rückfahrt reichen! Man ist überrascht: hübsche kleine Einfamilienhäuser neben alten Höfen und Hütten aus Torf. Dann endlose Strecken Wald, Wasser, Moor, Wollgras, Taiga.

Das einzige Stück Taiga auf westeuropäischem Boden! ⋆ Ein Traum von Weite. Freiheit, scheinbar jedenfalls, aber die russische Grenze hat man immer dicht zur Linken, und die Schlote von Industrieunternehmen zerstören die Umgebung. Die Nähe der Grenze hat nie angst gemacht. Wer wollte hier in Moor und Wasser schon angreifen? Ein Zöllner kommt! Worauf paßt er auf? Er lacht: »Auf die Deutschen! Wenn die mit einem Wohnmobil auftauchen und haben ein Kanu auf dem Dach, klingeln bei uns die Alarmglocken. Die sind wie die Lemminge. Die schmeißen irgendwo das Boot ins Wasser und paddeln wie ums Leben nach Osten: Einmal für ein paar Sekunden auf russischem Boden stehen. Ist das die Erfüllung? Kein Franzose, kein Schwede hat uns je damit in Atem gehalten.« *Informationen, auch über Ausflüge nach Murmansk, über das Kirkenes-Turistkontor, Tel. 78 99 25 44*

Die schönste Reise der Welt

Hurtigruten, ein Zauberwort für ganz Norwegen

Die ältesten Hurtigruten-Schiffe haben fast 40 Jahre auf den Spanten. Aber gerade sie sind gemütlich und besonders sturmfest. Seit 1893 wird die Postschifflinie von Bergen nach Kirkenes an der russischen Grenze täglich befahren: die »schönste Reise der Welt«. Die »Rundreise« dauert elf Tage, 2500 Seemeilen, 4600 Kilometer, in Nord- und Südrichtung je 35 Häfen. Man kann jedes beliebige Teilstück buchen, so oft unterbrechen, wie man will, und später mit einem folgenden Schiff weiterfahren. Aber: Im Sommer solche Reise in allen Einzelheiten lange vorher buchen! Denn um diese Zeit gibt es oft kein freies Bett. 180 Kajütpassagiere haben auf alten Schiffen Platz, auf den Neubauten doppelt so viele. Die können bis zu 60 Autos mitnehmen. Auf den alten Schiffen werden nur wenige Autos befördert und per Kran verladen. Trotzdem empfehlen Kenner eines der wenigen alten Schiffe: Obwohl sie kleiner sind (gut 2000 BRT), »schaukeln« sie bei Sturm weniger. Allerdings liegt die Route meist in geschütztem Fahrwasser zwischen Inseln. Aber einige Male muß das Schiff in die freie See: vor *Stadlandet*, im *Folla*-Seegebiet, über den *Vestfjord* und entlang der Nordküste. Tabletten gegen Seekrankheit gibt es an Bord.

Gefahren wird bei jedem Wetter. »Hurtigruten gibt uns auch im schlimmsten Winter, wenn die Flugplätze verwehen, das sichere Gefühl, nicht abgeschnitten zu sein vom Leben da unten im Süden«, sagen die Menschen im Norden. Im Winter hat das Schiff manchmal nicht mehr als ein halbes Dutzend Kabinenpassagiere — und billige Tarife! Die Bordküche hat einen guten Ruf. Im Sommer drängt sich auf Deck und in den Salons viel junges Volk, das nur ein paar Stationen mitfährt. Hurtigruten-Reisen sind nicht billig. Es kommt ja immer die Anreise nach Bergen hinzu. Will man eine ganze »Rundreise« machen, so muß man, inklusive Flug oder Fähre/Bahn auf der Anreise ab Hamburg zwischen 2800 und über 6000 Mark, je nach Kabine, rechnen. Wer Teilstrecken buchen will: Schöne Abschnitte sind: *Måløy—Ålesund—Trondheim*. Weiter: *Rørvik—Sandnessjöen—Bodö*, die Vier-Stunden-Fahrt übers offene, oft rauhe Wasser des Vestfjords von *Bodö* bis *Stamsund*. Sie fahren der *Lofotwand* entgegen. Toll die Strecke von *Svolvær* bis *Tromsö*. Auch Reisen nach Spitzbergen sind seit 1996 wieder im Programm. Buchungen: *Norwegische Schiffahrtsagentur, Kl. Johannisstr. 10, 20457 Hamburg, Tel. 040/376930, Fax 364177*

Von Auskunft bis Zoll

Hier finden Sie kurzgefaßt alle wichtigen Adressen und Informationen für Ihre Norwegenreise

AUSKUNFT

Deutschland
Norwegisches Fremdenverkehrsamt, Mundsburger Damm 45, 22087 Hamburg, Tel. 040/22 71 08 18, Fax 22 71 08 88

Österreich
Kgl. Norwegische Botschaft, Bayerngasse 3, 1037 Wien, Tel. 0222/ 715 66 92/93/94

Schweiz
Kgl. Norwegische Botschaft, Dufourstr. 29, 3005 Bern, Tel. 031/ 352 46 76, Fax 351 53 81

ALKOHOL

Trinken ist in Norwegen teuer. Wein und Spirituosen (ab 200 NOK) bekommt man nur im *Vinmonopolet,* den staatlichen Alkoholverkaufsstellen. Schnaps wurde und wird überall geschmuggelt, das ist einträglich, aber gefährlich. Die Strafen sind hart (siehe unter Zoll). Leichtbier gibt es im Supermarkt. Größere Restaurants haben Konzessionen für alle Alkoholika, viele andere nur für Wein und Bier.

APOTHEKE – ARZT

Medikamente gibt es nur in Apotheken. Fast alle sind rezeptpflichtig. Man braucht ein norwegisches Rezept, auch Bitten und Betteln werden es nicht ersetzen. Ärzte/Zahnärzte findet man in jeder größeren Gemeinde in der *Legevakt,* der staatlichen Arztstation; Rufnummer auf einer der ersten Seiten jedes Telefonbuchs (fast überall *Notruf Nr. 113*). Man muß bar bezahlen und die Rechnung nach der Heimkehr der eigenen Kasse zur Erstattung vorlegen. Wegen der Umständlichkeit: eigene Medikamente mitnehmen!

AUTOFAHREN

Alkohol
0,5 Promille ist absolute Höchstgrenze. Wer mit mehr erwischt wird, zahlt 1½ Bruttomonatsgehälter Strafe. Bei 1,5 Promille ist der Führerschein weg und Haft sicher — auch ohne Unfall.

Anschnallen
Auf Vordersitzen Pflicht, auf Hintersitzen auch, »wenn Gurte

Norwegen läßt sich nicht in Tagen »schaffen«. Die Entfernungen sind einfach zu groß

vorhanden«. Kinder unter vier müssen Spezialsitze haben. Verstöße kosten harte Geldstrafen.

Autofähren
Es gibt mehr als 200. Sie sind meistens pünktlich. Im Sommer oft Zusatzschiffe.

Benzin
Bleifreies Benzin setzt sich durch, hat mindestens 95 Oktan, kostet um 800 NOK. Super (98 Oktan) manchmal verbleit.

Entfernungen
400 km am Tag sind reichlich genug: viele Kurven, schmale Strecken, starke Steigungen und Gefälle.

Geschwindigkeit
In Orten 50, auf Landstraßen 80, auf einigen Schnellstraßen 90 km/h; viele Beschränkungen durch Schilder. Die sind ernst gemeint. 5 km/h zu schnell kosten 400 NOK, 20 km/h schon 2000 NOK. Gespanne nicht schneller als 70 (ungebremst 60 km/h).

Licht
Auch am Tag muß das Abblendlicht brennen (Buße 400 NOK).

Maut
Einige Brücken, Tunnel, Straßen, Innenstädte kosten Mautgebühr *(bompenger).*

Pannenhilfe
Im Sommer durch Fahrzeuge des Automobilklubs NAF. Notruf Tag und Nacht über *NAF-Zentrale Oslo 22 34 16 00.*

Rücksicht
Kinder und Tiere (Schafe!) haben auf der Straße »Vorfahrt«. Auf einspurigen Straßen muß der bis zum nächsten *møteplass* (Begegnungsplatz, »M«-Schild) zurück, der's leichter hat.

Versicherung
Die heimische Haftpflicht zahlt auch in Norwegen. Grüne Versicherungskarte nicht Pflicht, aber ratsam.

BEHINDERTE
Behinderte sind völlig selbstverständlich ins Alltagsleben integriert. Sie anzustarren oder ihnen betont auszuweichen gilt als sehr unhöflich. Die meisten Hotels, Rasthäuser, Campingplätze, viele Restaurants haben Behinderteneinrichtungen.

BUS
Kaum ein Ort, der nicht von einer Omnibuslinie berührt wird. Der Bus-Pool NOR-WAY *Bussekspress* ergänzt Bahn, Fähren, Fluglinien. Anschlußzeiten werden abgestimmt. Beispiele: *E 6-Ekspress* Oslo–Göteborg, 3 × tgl.

5½ Std. ca. 300 NOK; *Nordfjordekspress* Oslo–Otta–Stryn–Målöy, 1 × tgl. 11 Std. ca. 640 NOK; *Geiteryggekspress* Bergen–Oslo, 1 × tgl. 11 Std. ca. 550 NOK; *Fjordekspress* Bergen–Ålesund, 1 × tgl. 11 Std. ca. 480 NOK; *Möreekspress* Trondheim–Ålesund 1 × tgl. 8 Std. ca. 430 NOK. *Tromsöekspress* Oslo–Tromsö (über Schweden) 1 × wö. 28 Std. ca. 1100 NOK. *Auskunft und Buchung: NOR-WAY, Oslo 1, Tel. 22 33 01 91.* Wer sich im Reisebüro ein »NOR-WAY-Ticket« besorgt, bekommt auf allen Ekspress-Routen 25 Prozent Rabatt.

EINKAUFEN

Tourismus wird immer wichtiger. Darum haben viele Geschäfte am Abend länger geöffnet, teils bis 20 Uhr, Sa bis 18 Uhr, manche am So ein paar Stunden.

EISENBAHN

Norwegens Eisenbahnnetz ist mit 4257 km recht dünn. Bahnstrecken führen von der schwedischen Grenze nach Oslo, von Oslo nach Fagernes, von Oslo über Kristiansand nach Stavanger, von Oslo nach Bergen *(Bergenbahn),* von Oslo nach Åndalsnes, von Oslo nach Trondheim über Dombås oder Röros, von Trondheim nach Bodö *(Nordlandbahn,* an der hundert Jahre gebaut wurde). Von Narvik zur schwedischen Grenze und weiter über Kiruna ins schwedische Streckennetz. Die Strecken sind meist elektrifiziert. Nur 30 Prozent verlaufen in ebenem Gelände, der große Rest hat Steigungen oder Gefälle bis 5,5 Prozent. Es gibt viele Preisermäßigungen. Mit der Kundenkarte für 380 NOK erhalten Sie für bestimmte »grüne« *(grönne)* Züge 50 Prozent Rabatt, für die anderen Züge 33. Der maximale Fahrpreis (für die längste Strecke) ist für grüne 490 NOK, für Kinder bis 16 nur 215 NOK. Gruppen über 10 Personen 25 Prozent, im Juni/Juli/August 10, Senioren über 67 Jahre 50 Prozent Ermäßigung. Ausländische Rentner über 60 bekommen bei Vorlage eines

Entfernungen in Kilometern

	Bergen	Bodö	Kirkenes	Kristiansand	Oslo	Svinesund	Tromsö	Ålesund
Bergen	—	1375	2577	412	501	620	1652	401
Bodö	1375	—	1310	1640	1294	1444	545	1203
Kirkenes	2577	1310	—	2842	2527	2646	841	2405
Kristiansand	412	1640	2842	—	346	296	2077	911
Nordkap	2218	998	526	2531	2184	2303	464	2093
Oslo	501	1294	2527	346	—	119	1731	561
Svinesund	620	1444	2646	296	119	—	1850	680
Tromsö	1652	545	841	2077	1731	1850	—	1640
Trondheim	608	767	1969	873	527	646	1204	436
Ålesund	401	1203	2405	911	561	680	1640	—

Seniorenpasses ihres Heimatlandes in Verbindung mit einer Rail-Europ-S-Karte 50 Prozent. Studentenermäßigungen nur für Studierende an norwegischen Hochschulen. Mit der *Nordtourist-Karte* darf man mit der Bahn drei Wochen kreuz und quer durch Dänemark, Schweden, Norwegen und Finnland fahren: 2. Klasse 2500, Jugendliche unter 12 bzw. 25 zahlen 1400 bzw. 1850 NOK, Kinder zwischen 4 und 12 erhalten 50 Prozent Ermäßigung (Sommer 97). Expreßzüge sind in der 1. und 2. Klasse platzkartenpflichtig (30 NOK). *Inter-Rail-Karten* sind in Norwegen gültig. Als landschaftlich besonders schön gilt die ◆ *Bergenbahn.* Sie hat in *Finse* (1222 m) den höchsten Bahnhof Skandinaviens, klettert noch auf 1301 m in weg- und steglosem Fels: phantastische Ausblicke! Fahrzeit von Oslo 6:45 Std., tgl. vier Züge. Aufregend die *Flåmsbahn* vom Bergenbahn-Bahnhof *Myrdal* (866 m) über 20 km nach *Flåm* (0 m) an einem Seitenarm des Sognefjord.

FLIEGEN

Fliegen gehört längst zum Alltagsverkehr. *SAS, Braathens* und *Widerøe* überziehen Norwegen mit einem engen Netz von Fluglinien, die selbst kleine Orte bedienen. Aber der Spaß ist teuer. Allerdings: Mit den *Nor-Way Tikkets* können Sie bei *Widerøe* viel Geld sparen (Reisebüro fragen!). Ähnlich ist es bei *Braathens* mit dem *Visit Norway Pass,* der nur von Ausländern benutzt werden darf, das jedoch nur auf Inlandflügen. Jeder Flug kostet da zwischen 460 und höchstens 920 NOK, Kinder bis 12 die

Hälfte. *SAS* hat Sonderkonditionen. Im Reisebüro hartnäckig fragen, da oft unbekannt. Auf einigen Strecken sind der früheste Morgen- und der späteste Abendflug verbilligt. Auch nachfragen! In allen Flugzeugen herrscht Rauchverbot.

HOTELPÄSSE

In Norwegen gibt es mehrere Hotelpaß-Systeme, die das Reisen billiger und einfacher machen. Wenn Sie einen Paß haben, übernachten Sie preiswerter, und das Hotel der letzten Nacht besorgt Ihnen kostenlos ein Zimmer im nächsten Hotel Ihrer Wahl. Die wichtigsten Anbieter:

Fjordpass, die größte norwegische Hotelkette, bietet die Sicherheit, daß man auf Wunsch die ganze Reise im voraus buchen kann. 235 Hotels machen im Sommer mit. Der Paß kostet für zwei Erwachsene und zwei Kinder zusammen 75 NOK, kann bei der ersten Übernachtung gekauft werden, garantiert eine Verbilligung von 20 Prozent (Bett und Frühstück 195–465 NOK). Wer ungebunden reisen will, läßt sich jeden Morgen das nächste Quartier vom letzten Hotel kostenlos bestellen. U.a. auch zu bekommen bei *Reisebüro Norden, Ost-West-Str. 70, D-20457 Hamburg; Lamprecht-Reisen, Brandschenkestr. 6, CH-8039 Zürich; Blaguss Reisen, Wiedner Hauptstraße 15, A-1040 Wien.*

ProSkandinavia Hotel Cheque System: In ganz Skandinavien weit verbreitet. Kauf nur im Heimatland. Ein Cheque pro Person und Übernachtung in Deutschland 60 DM, in der Schweiz 60 sfr (Sommer 97). Minimum drei

Cheques, nicht benutzte werden mit 70 Prozent erstattet. Gültigkeit 1. Juni–31. Aug. Kinder bis zwölf wohnen umsonst. Es kann immer erst 24 Stunden vor Ankunft gebucht werden. Cheques in Reisebüros des Heimatlandes oder über *Haman Service, Hohenzollernring 49, 50672 Köln.*

Rica Hotels betreibt in Norwegen 47 eigene und assoziierte Hotels. Sie haben hohen Standard, liegen im Sommer bis 50 Prozent unterm Normalpreis und kosten im Doppel pro Person meist unter 420 NOK, in Oslo 500 bis 660 NOK inkl. Frühstück. Jeweils die 5. Übernachtung in einem *Rica-Hotel* ist kostenlos. *Zentrale: Postboks 453, N-1301 Sandvika.*

Scandinavian BonusPass der *Inter Nor Hotels* gibt bis zu 50 Prozent Rabatt in 36 Orten Norwegens. Preise 295–450 NOK pro Person im Doppel. Erste und letzte Nacht der Reise können fest gebucht werden, sonst tageweise weiter. Gültigkeit 1. April bis 3. Okt., Preis für den Paß ca. 200 NOK. *Inter Nor Hotels, Dronningensgate 40, N-0154 Oslo.*

Best Western Hotelcheques. Ähnliche Konditionen für 47 Hotels in Norwegen. Pro Person im Doppelzimmer ab 295 NOK, gültig 15. Mai–15. Sept. *Zentrale: Cort Adelersgt. 16, N-0204 Oslo.*

HOTELS UND HÜTTEN

Was sich *hotell* nennen darf, hat einen guten Standard. *Touristhotell* oder im Gebirge *høyfjellhotell* sind Häuser mit noch besserer Ausstattung. Viele gehören Hotelketten an, die Hotelpässe ausgeben und Preisnachlässe gewähren. Norwegische Hotels sind im Sommer billiger als in der übrigen Jahreszeit. Auch sonst gibt es häufig Verbilligungen an Wochenenden, oder es läuft gerade eine Sonderaktion mit Preisnachlässen. An der *resepsion* bei der Ankunft oder bei der telefonischen Bestellung immer nachfragen. Man rechnet mit festen Preisen, die Konkurrenz der Hütten wächst. In Oslo kann man im Luxushotel im Sommer über 1000 NOK für ein sehr gutes Doppelzimmer loswerden, in Bergen und Trondheim über 900 NOK, aber man bekommt gute Zimmer auch für den halben Preis. In kleinen Hotels und Pensionen meist mit WC und Dusche, ab 250 NOK. Außerhalb der großen Städte gibt es Überraschungen. Manche Traditionshotels langen gehörig hin, andere begnügen sich mit Preisen ab 150 NOK fürs Doppel. Billigere Übernachtungsmöglichkeiten bieten *gjestgiveri, pension, fjellstue* (Berghütte), *turiststasjon.* In Privatquartieren – meist hängt ein Schild *rom* (Zimmer) vor dem Haus – können Sie oft schon für 100 NOK ein Zimmer bekommen, auch einfache Hütten. Unter 75 NOK kaum Angebote. Gute Adresse für Hütten: *Den Norske Hytteformidling, Postboks 3404, Bjölsen, N-0406 Oslo, Tel. 22 35 6710.* Wer ans Meer möchte: *Fjordhytter in Bergen* gehört zur selben Agentur. Faustregel: einfache Hütte für 4–6 Personen Nebensaison ab 1200 NOK wöchentlich. Hochsaison ab 1600 NOK. Komforthütten bis 5000 NOK die Woche. Luxusexemplare gibt es auch. Sonderform sind die *Rorbuer* auf den Lofoten, ehemalige Fischer-Saisonunterkünfte, auf Pfählen im Hafen.

JEDERMANNSRECHT

Altes Gewohnheitsrecht: Jeder darf sich in der Natur überall, auch auf Privatgrund, frei bewegen, aber nicht gerade in fremden Gärten herumlaufen. Menschen, Tiere und Natur dürfen nicht geschädigt oder behelligt werden. Mit Zelt oder Wohnwagen mindestens 150 m Abstand zum nächsten Haus oder einer Hütte einhalten. Daueraufenthalt außerhalb von Campingplätzen (auch auf Rastplätzen) nicht gestattet. Die Regierung will das Jedermannsrecht einschränken.

JUGENDHERBERGEN

Sie heißen *Vandrerhjem.* Bettplatz kostet 70 bis 180 NOK pro Nacht, Ermäßigung für Verbandsmitglieder, keine Altersbeschränkung. Voranmeldung ratsam!

LANDKARTEN

Ihre alte Norwegenkarte können Sie leider nur noch bedingt benutzen. Seit Mai 1997 haben sich die Nummern sehr vieler Straßen wieder mal geändert. Das stiftete heillose Verwirrung, besonders auch bei der Benutzung älterer Straßenkarten und Reiseführer. In diesem MARCO POLO sind jedoch alle Änderungen berücksichtigt!

NATIONALPARKS

In den meisten Nationalparks bestehen gute Wandermöglichkeiten, in einigen kann man auch in Hütten übernachten. Äußerste Rücksichtnahme auf die Natur wird erwartet.

POST – TELEFON

Post und Telefon/Telegraf sind getrennte Einrichtungen, meist in getrennten Gebäuden. Postämter in Städten haben von ca. 8 bis 16/17 Uhr geöffnet, in kleinen Orten nur stundenweise. Europaporto Brief/Postkarte 5 NOK (Luftpost). Man kann von jeder Zelle Auslandsgespräche führen. Die komplizierte Auslandsvorwahl ist in Norwegen endlich entfallen. Man wählt wie überall nur noch oo und die Landeszahl, dann Ortskennzahl ohne die 0. Die Apparate in den Zellen nehmen 1-Kronen-Stücke, 5-Kronen-Stücke und auch 10-Kronen-Stücke an. Telefonkarten sind selten. In vielen Zellen kann man sich anrufen lassen. Seit 1993 wurden alle norwegischen Telefonnummern umgestellt. Ortsvorwahl entfällt, dafür jetzt achtstellige Nummern.
Vorwahl nach Deutschland: 0049
Vorwahl nach Österreich: 0043
Vorwahl in die Schweiz: 0041
Vorwahl nach Norwegen: 0047
Seit 1995 werden Notrufnummern vorbereitet: *Feuer 110, Polizei 112, Arzt 113*

RAUSCHGIFT

Drogen werden ein immer größeres Problem in Norwegen. Besonders seit einige Rauschgiftbanden Oslo als Verteilerkreuz entdeckt haben. Die Polizei greift hart durch, und Rauschgiftdelikte werden von den Gerichten streng bestraft.

SOMMERSKI

»Sommerski« zu fahren findet immer mehr Anhänger: Bei gutem Wetter sogar im Bikini auf Gletscherschnee. Auskunft in jedem Reisebüro.

SPRACHE

Viele Dialekte und zwei offizielle Sprachen: *bokmål* (oder *rikmål;* stark dänisch beeinflußt) und *nynorsk* (Neunorwegisch, aus Protest gegen das Dänische im Westland entstanden). Beides wird in der Schule gelehrt, 20 Prozent bleiben bei *nynorsk.* Wer eins kann, versteht auch das andere. Drei zusätzliche Buchstaben: æ, ø, å (stehen nach dem »Z« im Alphabet). Wichtig für die Aussprache: o wie o oder u (Norweger sprechen ihre Hauptstadt Uslu: wer Oslo sagt wird auch verstanden), u wie ü, y wie zwischen i und ü, å und aa wie o, æ wie ä, ø wie ö, v wie w. Die Buchstaben q, w und z gibt es nur in Eigennamen oder Fremdwörtern.

UMWELTSCHUTZ

Norweger nehmen Ökologie zunehmend ernst. Wer erwischt wird, daß er *söppel* (Müll) in die Natur oder ins Wasser wirft, zahlt Strafe. Also stets die vielen Abfalltonnen an den Straßen benutzen! Auch Norwegen kennt Umweltprobleme, hausgemachte und importierte. Aber: Das Wasser aus Bächen im Gebirge (nicht aus Seen) kann man auch heute noch getrost trinken.

VERSTÄNDIGUNG

Fragen Sie *Snakker du tysk?,* wenn Sie wissen wollen, ob jemand deutsch spricht. Wenn nein, versuchen Sie es mit Englisch: Im MARCO POLO Sprachführer

ab S. 95 finden Sie die wichtigsten Wörter, Zahlen und Redewendungen.

Ein Satz nur noch zum allerwichtigsten Wort: takk − danke! Das dürfen Sie nie vergessen und können es gar nicht oft genug sagen. Jeder Kellner wird Sie verstehen, wenn Sie statt der umständlichen Formulierung »bitte« nur »takk en öl« sagen, wenn Sie ein Bier bestellen möchten.

ZEITUNGEN

Norweger sind lesefreudig. Auch kleine Städte haben ihr Lokalblatt, das selbstverständlich in jedem Supermarkt und an jedem Kiosk zu haben ist. Ausländische Zeitungen und Zeitschriften gibt es im allgemeinen in den *Narvesen-Läden,* aber Norweger werden sich weder aufregen oder gar etwas unternehmen, wenn die Zürcher, Il Tempo oder Bild noch nicht da sind oder überhaupt nicht kommen.

ZOLL

Die Tatsache, daß die Norweger es in einem Volksentscheid abgelehnt haben, der EU beizutreten, kann bei der Zollkontrolle Überraschungen bringen, obwohl die Osloer Zöllner Reisende aus Mitteleuropa meist gelangweilt passieren lassen. Immerhin, es gibt Stichproben. Und eine für Flugreisende sehr lästige Folge: Obwohl in, sagen wir mal, Hamburg Ihre Koffer ganz selbstverständlich bis auf die Lofoten durchgecheckt werden, landen sie mit allen anderen auf dem Gepäckband in Oslo und drehen sich da so lange im Kreis, bis Sie sich ihrer erbarmen. Sie müssen das Gepäck eigenhändig auf eine Karre laden, durch den Zoll schieben, einen Stock höher wuchten und an einem Inland-schalter wieder aufgeben. Auf der Heimreise bleibt Ihnen das erspart. Ein Vorteil der Nicht-EU-Mitgliedschaft: Sie können sich bei der Ausreise für Duty-free-Einkäufe die norwegische Mehrwertsteuer erstatten lassen.

Zollfreie Einfuhr pro Person über 20 nach Norwegen: 1 l Schnaps, 1 l Wein, 2 l Bier (statt Schnaps *und* Wein auch 2 l Wein). Außerdem verzollte Ein-fuhr von 4 l Schnaps/Wein und 10 l Bier möglich. Nicht schmug-geln! Bei Alkohol kann der sonst freundliche Zoll pingelig wer-den und abkassieren! Bei Tabak (ab 16) sind 250 g gestattet. Oder 200 Zigaretten oder 50 Zigar-ren. Verbotene Einfuhr: Fleisch, außer 5 kg je Person in Dosen, Pflanzen, Eier, Kartoffeln, Medi-kamente (bis auf persönlichen Bedarf), Waffen, Munition (Jagd-waffen deklarieren!), Fischnetze.

Die Menge der zollfrei nach Deutschland einführbaren Wa-ren ist begrenzt: z.B. Mitbring-sel für 115 Mark.

WETTER IN OSLO

Die monatlichen Durchschnittswerte im Überblick

Tagestemperaturen in °C

| –2 | –1 | 4 | 10 | 16 | 20 | 22 | 21 | 16 | 9 | 3 | 0 |

Nachttemperaturen in °C

| –7 | –7 | –4 | 1 | 6 | 10 | 13 | 12 | 8 | 3 | –1 | –4 |

Sonnenschein Std./Tag

| 2 | 3 | 4 | 6 | 7 | 8 | 7 | 7 | 5 | 3 | 1 | 1 |

| 8 | 7 | 5 | 7 | 7 | 10 | 11 | 11 | 10 | 10 | 12 | 10 |

Wassertemperaturen in °C

| 3 | 2 | 3 | 5 | 9 | 13 | 16 | 17 | 15 | 11 | 7 | 5 |

| Jan. | Feb. | März | April | Mai | Juni | Juli | Aug. | Sept. | Okt. | Nov. | Dez. |

Bloß nicht!

Norwegen ist ein großzügiges Land mit allerdings streng gehandhabten Gesetzen. Auch die ungeschriebenen sollte man genau beachten

Autofahren

Fahren Sie nicht schneller als vorgeschrieben, es wird sonst teuer. 5 km/h zuviel kosten 400 Kronen! Dann steigt es: 20 km/h = 2000 Kronen Strafe. 400 Kronen für Fahren ohne Abblendlicht — am Tag! Mehr als 0,5 Promille Alkohol kosten $1\frac{1}{2}$ Brutto-Monatsgehälter, 1,5 Promille Gefängnis und Führerscheinentzug — für alle!

Feuer

Im Freien Feuer zu machen ist wegen Wald- und Moorbrandgefahr zwischen 15. April und 15. September streng verboten. Rauchverbot auf allen norwegischen Inlandflügen. Die Nichtraucherzonen in Restaurants, Bars, Cafés freiwillig beachten!

Einfuhr

Versuchen Sie nicht, mehr als die erlaubte Menge Alkohol einzuführen. Der Zoll macht Stichproben, die Strafen sind empfindlich. Grundsätzlich verboten: Frischfleisch, Pflanzen, Eier, Kartoffeln. Medikamente nur für den Eigenbedarf.

Nordkap

Ach bitte, fahren Sie nicht zum Nordkap — es sei denn, Sie mögen Kirmesrummel! Da ist es voll, laut, Nepp überall, das Bier noch teurer als sonst. Und Mitternachtssonne und Eismeer sehen nicht ein bißchen anders aus als überall im hohen Norden. Außerdem: Da wird geschummelt, es ist gar nicht der nördlichste Punkt Norwegens. Lieber nach *Båtsfjord, Berlevåg* oder *Hamningberg* auf der *Varangerhalbinsel* — Norden pur, überwältigend und nicht so voll. Sogar noch halbwilde Rentiere.

Danken

Sie dürfen in Norwegen fast alles. Nur eines nicht: vergessen, sich zu bedanken, wann, wofür, warum und wo auch immer. *Takk*, Danke, ist ein unverzichtbares Wort. Vater und Kinder sagen nach jedem Essen *takk for maten,* und Mutter wird antworten *seltakk* — Danke ebenfalls. War man abends zu Gast, sagt man *takk for iaften* und hört von der Gastgeberin *takk for denne gang* — Dank für diesmal. Womit Sie schon die Formulierung haben, die immer und bei jeder Gelegenheit stimmt. Und notfalls tut es auch ein einfaches *takk.* Aber das muß sein, und sei es zum Polizisten, der das Strafmandat schreibt.

Was bekomme ich für mein Geld?

Norwegen ist teuer. Faustregel: Die Mark bringt immer nur die Kaufkraft von 80 Pf. Die Norwegische Krone (NOK) ist in jüngster Zeit gegen D-Mark, Schweizer Franken und Österreichischen Schilling wieder billiger geworden. 100 NOK sind ca. 23 Mark, ca. 22,50 sfr, ca. 179 ös. Norwegisches und ausländisches Bargeld kann in beliebiger Höhe nach Norwegen eingeführt werden. Wenn der in bar mitgeführte Gesamtbetrag jedoch 25000 NOK übersteigt, muß er bei der Einreise beim Zoll deklariert werden. Reiseschecks braucht man nicht anzugeben. Kreditkarten sind für Norweger ein vertrautes Zahlungsmittel, fast alle internationalen Kreditkarten werden in Hotels und Geschäften akzeptiert, ebenso Reise- und Euroschecks. Mit Bargeld zu reisen hat seine Risiken, macht das Wechseln aber besonders schnell und unkompliziert. Gleich größere Summen wechseln! Ob 100 oder 1000 NOK, die Gebühren sind gleich. Rechnet man auf Euro-, Reisecheques und Kreditkarten die sichtbaren und versteckten Gebühren drauf, fährt man bar am billigsten. Mit einer Reihe europäischer Postsparbücher kann man auf allen größeren Postämtern in Norwegen Geld abheben.

DM	NOK	NOK	DM
1	4,35	1	–,23
2	8,69	5	1,15
3	13,04	10	2,30
4	17,39	25	5,75
5	21,74	50	11,50
10	43,47	75	17,25
15	65,21	100	23,–
20	86,94	150	34,50
30	130,41	200	46,–
40	173,88	250	57,50
50	217,35	300	69,–
60	260,82	400	92,–
70	304,29	500	115,–
80	347,76	600	138,–
90	391,23	700	161,–
100	434,70	750	172,50
200	869,40	800	184,–
300	1.304,10	900	207,–
500	2.173,50	1.000	230,–
750	3.260,25	2.500	575,–
1.000	4.347,–	5.000	1.150,–

Bei Scheckzahlung/Automatenabhebung am Urlaubsort berechnet die Heimatbank die obenstehenden Kurse. Stand: Mai 1997

Sprechen und Verstehen ganz einfach

Zur Erleichterung der Aussprache sind alle norwegischen Wörter der Hauptlandessprache »bokmål« mit einer einfachen Aussprache (in eckigen Klammern) versehen.

AUF EINEN BLICK

Ja./Nein.	Ja./Nei. [Ja/Nei]
Vielleicht.	Kanskje. [kannsche]
Bitte.	*(bittend)* Vær så snill. [wär so snill]
	(anbietend) Vær så god. [währ so guh]
Danke.	Takk. [Tack]
Gern geschehen.	Det var da så lite. [deh war da so lite]
Entschuldigung!	Unnskyld! [Ünnschüll]
Wie bitte?	Unnskyld? [Ünnschüll]
Ich verstehe Sie/dich nicht.	Jeg forstår deg ikke. [Jei forstohr dei icke]
Ich spreche nur wenig …	Jeg snakker bare litt … [Jei snakker bare litt]
Können Sie mir bitte helfen?	Unnskyld, kan du hjelpe meg? [Ünnschüll, kann dü jelpe mei?]
Ich möchte …	Jeg ville gjerne ha … [Jei wille jehrne ha]
Das gefällt mir (nicht).	Det liker jeg (ikke). [Deh lihker jei (icke)]
Haben Sie/hast du …?	Har dere/du …? [Har dehre/düh?]
Wieviel kostet es?	Hva koster det? [Wa koster deh?]
Wieviel Uhr ist es?	Hvor mye er klokka? [Wuhr müe är klocka?]

KENNENLERNEN

Guten Morgen!	God morgen! [Gu mohren]
Guten Tag!	God dag! [Gu dag]
Guten Abend!	God kveld! [Gu quell]
Hallo! Grüß dich!	Hallo!/Hei! [Hallu/Hei]
Mein Name ist …	Navnet mitt er … [Nawne mitt är]
Wie ist Ihr Name, bitte?	Unnskyld, hva var navnet? [Ünnschüll, wa war nawne?]
Wie geht es Ihnen/dir?	Hvordan har du det? [Wurdan har dü deh?]
Danke. Und Ihnen/dir?	Takk, bra. Og du? [Tack, bra. Oh düh?]
Auf Wiedersehen!	Adjø!/Ha det … [Adjö/Hah de]
Bis bald!	Vi sees! [Wi sehs]

Auskunft

links/rechts
til venstre/til høyre
[till wenstre/till höire]

geradeaus
rett fram [rett fram]

nah/weit
nær/langt [nähr/langt]

Bitte, wo ist …?
Unnskyld, hvor ligger …?
[Ünnschüll, wur ligger …?]

  der Bahnhof
    jernbanestasjonen [jernbahnestaschunen]

  die Straßenbahn
    trikken [tricken]

  der Flughafen
    flyplassen [flühplassen]

Ich möchte … mieten.
Jeg ville gjerne leie …
[Jei wille jehrne leie …]

  … ein Auto
  … en bil [en bil]

  … ein Fahrrad
  … en sykkel [en sückel]

  … ein Boot
  … en båt [en boht]

Panne

Ich habe eine Panne.
Jeg har en skade på bilen.
[Jei har en skade po bilen]

Würden Sie bitte den Pannendienst anrufen?
Vil du være vennlig å ringe etter en redningsbil? [Will dü wäre wennli o ringe etter en reddningsbil?]

Wo ist hier in der Nähe eine Werkstatt?
Fins det et verksted i nærheten?
[Finns deh et werkstehd i nährhehten?]

Tankstelle

Wo ist bitte die nächste Tankstelle?
Unnskyld, hvor er nærmeste bensinstasjon? [Ünnschüll, wur er nærmeste bensinstaschun?]

Ich möchte … Liter …
Jeg skal ha … liter … [Jei skal ha … liter]

  … Normalbenzin.
  … normalbensin. [normalbensin]

  … Super/Diesel.
  … super/diesel. [sühper/dihsel]

  … bleifrei/verbleit.
  … blyfri/blyholdig. [blühfri/blühholldi]

Volltanken, bitte.
Full tank, takk. [Füll tank, tack]

Unfall

Hilfe!
Hjelp! [Jelp]

Achtung!
Se opp!/Forsiktig! [Seh opp/Forsikti]

Rufen Sie bitte schnell …
Vær så snill oh ring etter … straks.
[Wär so snill oh ring etter … stracks]

  … einen Krankenwagen.
  … en sjukebil [en schühkebil]

  … die Polizei.
  … politiet [politie]

  … die Feuerwehr.
  … brannvesenet [brannwesene]

Es war meine/Ihre Schuld.
Det var min/din skyld.
[Deh war min/din schüll]

Geben Sie mir bitte Ihren Namen und Ihre Anschrift.
Kan jeg få navnet og adressen din.
[Kann jei foh nawne oh adressen din]

ESSEN/UNTERHALTUNG

Wo gibt es hier …
  … ein gutes Restaurant?
  … ein nicht zu teures Restaurant?

Gibt es hier eine gemütliche Kneipe?

Reservieren Sie uns bitte für heute abend einen Tisch für 4 Personen.

Auf Ihr/dein Wohl!
Bezahlen, bitte.

Hat es geschmeckt?
Das Essen war ausgezeichnet.

Hvor er det … [Wur är deh …]
  … en god restaurant? [en gu restorang?]
  … en ikke altfor dyr restaurant?
[en icke altfor dühr restäürang?]

Er det noe hyggelig vertshus her?
[Är deh nue hüggeli wärtshüs här?]

Kan du reservere et bord for fire personer for i kveld. [Kann dü reservehre et bur for fihre persuhner for i quell]

Skål! [Skohl]
Kan jeg/vi få betale?
[Kann jei/wi foh betale?]

Smakte det? [Smakte deh?]
Maten var utmerket.
[Maten war ütmerket]

EINKAUFEN

Wo finde ich …?

  eine Apotheke
  eine Bäckerei
  ein Fotogeschäft
  ein Kaufhaus
  ein Lebensmittelgeschäft

  einen Markt

Hvor finner jeg …?
[Wur finner jei …?]
  et apotek [et aputhk]
  et bakeri [et bakerih]
  en fotoforretning [en futuforrettning]
  et varehus [et warehüs]
  en dagligvareforretning
  [en dagliwahreforrettning]
  et marked [et marked], et torg [et torg]

ÜBERNACHTUNG

Können Sie mir bitte … empfehlen?
  … ein gutes Hotel
  … eine Pension
Ich habe bei Ihnen/euch ein Zimmer reserviert.

Haben Sie/habt ihr noch Zimmer frei?
  ein Einzelzimmer
  ein Doppelzimmer
  mit Dusche/Bad
  für eine Nacht
  für eine Woche
Was kostet das Zimmer mit …
  … Frühstück?
  … Halbpension?

Kan du anbefale meg …?
[Kann dü annbefahle mei …?]
  … et godt hotell [… et gott hotell]
  … et pensjonat [… et pangschunat]
Jeg har reservert et rom hos dere.
[Jei har reservehrt ett rum hus dehre]

Har dere noe ledig rom?
[Har dehre nue lehdi rum?]
  et enkeltrom [et enkeltrum]
  et dobbeltrom [et dobbeltrum]
  med dusj/bad [meh düsch/bahd]
  for ei natt [forr ei natt]
  for ei uke [forr ei üke]
Hva koster rommet med …
[Wa koster rumme meh …]
  … frokost? [fruhkost?]
  … halvpensjon? [hallpangschuhn?]

Arzt

Können Sie mir einen guten Arzt empfehlen?

Kan du anbefale meg en god lege? [Kann dü annbefahle mei en guh lehge?]

Wo finde ich die Arztstation?

Hvor finner jeg legevakten? [Wur finner jei lehgewackten]

Ich habe hier Schmerzen.

Jeg har smerter her. [Jei har smerter här]

Bank

Wo ist hier bitte …

Unnskyld, hvor finner jeg … [Ünnschüll, wur finner jei …]

… eine Bank?

… en bank? [… en bank?]

… eine Wechselstube?

… et vekslingskontor? [… ett weckslingskuntuhr?]

Ich möchte … DM (Schilling, Schweizer Franken) in Kronen umwechseln.

Jeg ville gjerne veksle D-mark (schilling, sveitser francs) i kroner. [Jei wille jehrne wecksle D-mark (schilling, sveitser frang) i kruhner]

Post

Was kostet …
 … ein Brief …
 … eine Postkarte …
nach Deutschland?

Hva koster … [Wa koster …]
 … et brev … [et brev]
 … et postkort … [et postkort]
til Tyskland? [till Tüsklann]

Zahlen

0	null [nüll]	19	nitten [nitten]
1	en/ett [ehn/ett]	20	tjue (tyve) [chüe (tühwe)]
2	to [tuh]	21	tjueen [chüeehn]
3	tre [treh]	22	tjueto [chüetu]
4	fire [fihre]	30	tretti (tredve) [tretti (tredwe)]
5	fem [femm]	40	førti [förti]
6	seks [sechs]	50	femti [femmti]
7	sju (syv) [schü (süw)]	60	seksti [secksti]
8	åtte [otte]	70	sytti [sötti]
9	ni [ni]	80	åtti [otti]
10	ti [ti]	90	nitti [nitti]
11	elleve [ellwe]	100	hundre [hündre]
12	tolv [toll]	200	tohundre [tuhündre]
13	tretten [tretten]	1000	tusen [tüsen]
14	fjorten [fjurten]	2000	totusen [tutüsen]
15	femten [femmten]	10 000	titusen [titüsen]
16	seksten [seisten]		
17	sytten [sötten]	1/2	en halv [en hall]
18	atten [atten]	1/4	en fjerdedel [en fjäredehl]

Spisekart/Meny
Speisekarte

FROKOST	FRÜHSTÜCK
svart kaffe [swart kaffe]	schwarzer Kaffee
kaffe med melk [kaffe meh melk]	Kaffee mit Milch
koffeinfri kaffe [koffeinfrih kaffe]	koffeinfreier Kaffee
te med melk/sitron [teh meh melk/sitruhn]	Tee mit Milch/Zitrone
urtete [ürtete]	Kräutertee
sjokolade [schukolahde]	Schokolade
fruktsaft/juice [frücktsaft (jühs)]	Fruchtsaft
bløtkokt egg [blöhtkukt egg]	weichgekochtes Ei
eggerøre [eggeröhre]	Rührei
egg og bacon [egg oh beiken]	Eier mit Speck
brød/rundstykke/ristet brød [bröh/rünstükke/ristet bröh]	Brot/Brötchen/Toast
horn [huhrn]	Hörnchen
smør [smör]	Butter
ost [ust]	Käse
pølse [pölse]	Wurst
skinke [schinke]	Schinken
honning [honning]	Honig
syltetøy [sültetöi]	Marmelade
mysli [müsli]	Müsli
yoghurt [jogürt]	Joghurt
frukt [frückt]	Obst

FORRETTER OG SUPPER	VORSPEISEN UND SUPPEN
ertesuppe [ertesüppe]	Erbsensuppe
fersk suppe [ferschk süppe]	Suppe mit gekochtem, frischem Fleisch und Gemüse
fiskesuppe [fiskesüppe]	Fischsuppe
gravlaks [grahvlachs]	rohgebeizter Lachs
kryddersild [krüddersill]	Kräuterhering
rekecocktail [rehkekockteil]	Krabbensalat in Mayonnaise
rømmegrøt [römmegröht]	Milchbrei mit viel Fett (35 %) *(auch als Hauptgericht)*
røykelaks [röükelachs]	geräucherter Lachs
salater [salater]	Salate
speket reinsdyrkjøtt [spehket reinsdührchött]	Gepökeltes Rentierfleisch
trøndersodd [tröndersodd]	Fleischbrühe mit Gemüse und Fleischklößchen aus Trøndelag
tomatsild [tumahtsill]	Tomatenhering

elgsteik [elgsteik]	Elchbraten
fårikål [fohrikohl]	Hammel- und Kohleintopf
ferskt kjøtt [ferschk chött]	Gekochtes Rinderfleisch mit
	Gemüse und heller Soße
flesk [flesk]	Schweinefleisch
hjortesteik [jurtesteik]	Hirschbraten
kalkun [kalkühn]	Truthahn
kjøttkaker [chöttkahker]	Frikadellen in brauner Soße
knackpølse [knackpölse]	Knackwurst
kylling [chülling]	Hähnchen
lammefrikassé [lammefrikasseh]	Lammfrikassee
lammekoteletter	Lammkotelett
[lammekoteletter]	
lammesteik [lammesteik]	Lammbraten
oksesteik [ucksesteik]	Rinderbraten
rådyrsteik [rohdürsteik]	Rehbraten
reinsdyrsteik [reinsdürsteik]	Rentierbraten
spekemat [spehkemaht]	Kaltes, gepökeltes Dörr- oder
	Rauchfleisch
svinekotelett [swihnekotelett]	Schweinekotelett
svinesteik [swihnesteik]	Schweinebraten
vilt [wilt]	Wild
wienerpølse [wihnerpölse]	Wiener Würstchen

ål [ohl]	Aal
blåskjell [blohschell]	Miesmuscheln
breiflabb [breiflabb]	Seeteufel
fiskeboller [fiskeboller]	Fischklößchen
fiskepudding [fiskepüdding]	Fischpudding
gjedde [jedde]	Hecht
hummer [hümmer]	Hummer
kreps [kreps]	Flußkrebs
kveite [kweite]	Heilbutt
laks [lachs]	Lachs
makrell [makrell]	Makrele
ørret [örret]	Forelle
reker [rehker]	Garnelen
rødspette [röhspette]	Scholle
sei [sei]	Köhler, Seelachs
sik [sihk]	Renke
spekesild [spehkesill]	Eingelegter Hering
steinbit [steinbiht]	Steinbeißer
torsk [torschk]	Dorsch
tørrfisk [törrfisk]	Stockfisch

GRØNNSAKER	**GEMÜSE**
agurksalat [agürksalaht]	Gurkensalat
bakte poteter [bakte putehter]	gebackene Kartoffeln
blandet salat [blannet salaht]	Gemischter Salat
blomkål [blummkohl]	Blumenkohl
champignon [schampinjong]	Champignon
erter [erter]	Erbsen
gulrøtter [güllrötter]	Möhren
hodelkål [huhdekohl]	Weißkohl
kål [kohl]	Kohl
kantarell [kantarell]	Pfifferlinge
løk [lök]	Zwiebeln
potet(mos) [puteht (muhs)]	Kartoffel(brei)
rødkål [röhkohl]	Rotkohl
salat [salaht]	Salat
sopp [sopp]	Pilz
steinsopp [steinsopp]	Steinpilz

SMØRBRØD	**BELEGTE BROTE**
egg og ansjos [egg oh annschuhs]	Brot mit gekochtem Ei und Anchovis
fiskekabaret [fiskekabareh]	Brot mit Fisch und Gemüse in Aspik
karbonade [karbunahde]	Brot mit Frikadelle
leverpostei med syltede agurker [lewerpostei meh sülltede agürker]	Brot mit Leberpastete und Gewürzgurken
patentsmørbrød [pantentsmörrbröh]	Brot mit Spiegelei und Speck
rekesmørbrød [rehkesmörrbröh]	Brot mit Krabben und Mayonnaise
roastbiff [roustbiff]	Brot mit Roastbeef
svinesteik [swihnesteik]	Brot mit Schweinebraten

BAKVERK	**GEBÄCK UND TORTEN**
boller [boller]	süße Brötchen (mit Rosinen)
bløtkake [blöhtkahke]	Torte
brød [bröh]	Brot
eplekake [epplekahke]	Apfelkuchen
julekake [jühlekahke]	Rosinenbrot
lefse [leffse]	weicher, dünner Fladen aus Kartoffeln und Mehl gebacken
rullade [rüllahde]	Biskuitrolle
småkaker [smohkahker]	Plätzchen
vannbakkels [wannbackels]	Windbeutel
wienerbrød [wienerbröh]	Plundergebäck

DESSERT	DESSERT
fruktkompott [frücktkompott]	Obstkompott
fruktsalat [frücktsalaht]	Obstsalat
is [ihs]	Eis
sjokolade [schukulahde]	Schokolade
jordbær [juhrbähr]	Erdbeere
vanilje [vanilje]	Vanille
jordbær med fløte [juhrbähr meh flöhte]	Erdbeeren mit Sahne
karamellpudding [karamellpüdding]	Karamelpudding
moltekrem [moltekremm]	Moltebeeren mit Schlagsahne
osteanretning [usteannrettning]	Käseplatte
riskrem [rihskremm]	Milchreis mit Schlagsahne und roter Soße
rødgrøt med fløte [röhgröht meh flöhte]	Rote Grütze mit Sahne

Vinkart
Getränkekarte

ALKOHOLHOLDIG	ALKOHOLISCHE GETRÄNKE
akevitt [akewitt]	Aquavit
brennwin [brennewin]	Schnaps
fatøl [fahtöll]	Faßbier
hvitvin [wihtwihn]	Weißwein
konjakk [konjack]	Kognak
likør [liköhr]	Likör
øl [öll]	Bier
rødvin [röhwihn]	Rotwein
whisky [wiski]	Whisky

ALKOHOLFRITT	ALKOHOLFREIE GETRÄNKE
alkoholfri vin [alkuhuhlfri wihn]	alkoholfreier Wein
brus [brühs]	Limonade
kaffe [kaffe]	Kaffee
kakao [kakao]	Kakao
melk, mjølk [melk, mjölk]	Milch
saft [saft]	Fruchtsaft
sjokolade [schukulahde]	Schokolade
te [teh]	Tee (schwarz)
med sitron [meh sitruhn]	mit Zitrone
vann [wann]	Wasser

REGISTER

In diesem Register sind alle in diesem Führer beschriebenen Orte verzeichnet.
Hauptnennungen sind halbfett, Abbildungen kursiv gedruckt.

Orte
Alta 78
Å 69
Ålesund 45
Balestrand 48
Ballstad 68
Bardal 54
Beitostölen 91
Bergen *40*, **41 ff.**, 43
Berlevåg 82
Bodin kirke 61
Bodö 58
Borg 68
Böla 55
Bösdalen 47
Brönnöysund 63
Bygdöy 34
Dalsnibba 49
Eggum 68
Eidsvoll 37
Fagernes 90
Fauske 57, 58
Flakstad Kirke 69
Flakstadöy 11, **68**
Flöyen 44
Gamle Bergen 45
Geirangerfjord 10, **46**, *48*, *90 ff.*
Grip 49
Grotli 49
Gudvangen 47
Hamaröy 62
Hammerfest 78
Hamningberg 83
Hardangerfjord 10, **45**
Hardangervidda 10, 32, **37**
Hareid 47
Harstad 75
Helgelandsküste 61
Hell 54
Hellesylt 47
Hjelle 49
Holmenkollenschan-
ze 33
Hornindalsvatn 92
Hurtigruten 84
Ishavskatedralen 72
Jostedalsbreen 49
Jotunheimen 10, **38**, 48, 90
Kabelvåg 66, **67**
Karasjok 79

Kap Lindesnes 38
Kaupanger 48
Kautokeino **80**
Kirkenes 9, **81**
Kjerringöy 58, **61**
Kristiansand 9, **37**
Kristiansund 46
Kvalöya 74
Kvanndal 45
Landego 60
Langevatnet 49
Leknes 68
Lillehammer 38
Lofoten *9*, 11, 58, **65**
Lom 49, 91
Lyngenfjord 74
Lysefjord 39
Mandal 38
Molde 47
Moskenes 65
Moskenesöy 69
Munkeholmen 51
Namsen 57
Narvik 11, **63**, 74
Nidarosdom *50*, 51
Nordfjord 10, **49**, *90 ff.*
Nordkap 9, 10, **80**
Nusfjord *64*, **69**
Oslo *26, 30,* **32 ff.**
Peer-Gynt-Vei 38
Ramberg 68
Randsfjord 90
Reine 60, **69**
Revsnes 47
Riksvei 17, 92
Ringve 52
Romsdal 47
Runde 47
Röros 55
Röst 62
Saltfjell 57
Saltstraumen 58, **62**
Sandefjord 39
Sandnessjöen 62
Setesdal 32, **39**
Sieben Schwestern 92
Skridulaupbreen 49
Smaläsen 57
Sogndal 48
Sognefjord 10, **47**
Sortland 74

Sörvågen 69
Sör-Varanger (Pasviktal) 83
Stabkirchen *12*, **18**
  Borgund *19/***48**
  Bygdöy 18
  Fantoft 44
  Heddal 19
  Hegge **19**, 91
  Hurum 19
  Lom **19**, 91
  Lomen 18
  Reinli 18
  Øye 19
  Urnes 19
  Uvdal 19
  Vågåmo **19**, 91
Stadlandet 49
Stalheim 48
Stamsund 68
Stavanger 39
Steinkjer 54
Stokmarknes 75
Storfjord 74
Strynefjellet 49
Svalbard (Spitzbergen) 74
Svartisen 58, **62**, 93
Svolvær 66 f.
Torghatten 63
Troldhaugen 45
Trollstigen 48
Tromsö *70*, 71
Tron 55
Trondheim 10, **51**
Troghattan 92
Træna 58, **62**
Tvindevoss 47
Tystigbreen 45
Ulriken 45
Utne 45
Vadsö 82
Varanger 77, **81**
Varangerbotn 77, **82**
Vardö 82
Vesterålen 11, **75**
Vestfjord 63
Vestkapp – Stadlandet 49
Videseter/Strynefjellet
  49, 92
Vigelandmonolith *33*
Viksöyri 47
Væröy 62

150 km
Norwegian Sea
Barents Sea
Nordkapp
Hammerfest
Finnmark
Vardø
1067
Alta
Kirkenes
Tromsø
Inari
Vesterålen
1266
Narvik
Lofoten
821
Kiruna
2111
Kebnekaise
Lappland
Gällivare
Bodø
1599
Arctic Circle
Mo i Rana
Rovaniemi
Tornio
Kuusamo
NORGE
Luleå
Oulu
Uleåborg
Skellefteå
Umeälven
SUOMI
Namsos
Kajaani
Umeå
Gulf of Bothnia
SVERIGE
FINLAND
Kokkola
Karleby
Trondheim
Östersund
Örnsköldsvik
347
Vaasa
Vasa
4796
Ålesund
Åndalsnes
Kuopio
Joensuu
Sundsvall
Galdhøpiggen
2469
Tampere
Tammerfors
Pori
Björneborg
Imatra
Mora
Saimaa
Hamar
223
Lahti
Gävle
Åland
Bergen
1862
Turku
Åbo
Helsinki
Helsingfors
Vyborg
Oslo
Gulf of Finland
Sankt-Peterburg
Karlstad
Västerås
Uppsala
Drammen
Tallinn
Narva
Moss
Stockholm
Örebro
EESTI
Novgorod
Stavanger
Vänern
Norrköping
Vättern
Tartu
ROSSIJA
Kristiansand
Göteborg
Skagerrak
Visby
Pskov
Jönköping
Aalborg
Gotland
LATVIJA
Kattegat
Kalmar
Liepāja
Rīga
North Sea
Århus
Öland
Halmstad
Baltic Sea
DANMARK
Karlskrona
Klaipėda
Daugavpils
København
Malmö
LIETUVA
Esbjerg
Odense
Bornholm
Kaunas
Flensburg
Kaliningrad
Vilnius
Vicebsk
Kiel
Rostock
Gdańsk
Orša
Hamburg
Lübeck
Olsztyn
Hrodna
Minsk
NEDERLAND
Bremen
Szczecin
Bydgoszcz
Amsterdam
Elbe
POLSKA
BELARUS'
Homel
Berlin
Hannover
Poznań
Warszawa
Brest
Palesse
Düsseldorf
Leipzig
Łódź
Černihiv
1142
Odra
Lublin
Čornobyl'
Köln
DEUTSCHLAND
Dresden
Wrocław
Brussel
Bruxelles
Bonn
1603
Rivne
Kyjiv
Frankfurt
Praha
Katowice
Žytomyr
LUXEMBOURG
L'viv
Ostrava
Kraków
Nürnberg
Plzeň
ČESKÁ REP.
2655
UKRAJINA
FRANCE
Stuttgart
SLOV. REP.
Dnister
Vinnycja
Strasbourg
München
Wien
Bratislava
Černivci
MOLDOVA